U0610568

开口就能说重点

升级版

1分钟内让**老板点头、同行叫好、客户埋单**的说话之道

〔日〕斋藤孝/著

〔日〕尻上寿/绘　林欣仪/译

北京联合出版公司

Beijing United Publishing Co.,Ltd.

1分钟，
成为令人信服的沟通高手！

　　日本著名沟通大师斋藤孝教授，几十年来随身携带秒表，一旦在公众场合说话，便卡起秒表以提示自己尽量简洁。这种看起来不可思议的方式，在日本掀起了一场"简洁说话术风暴"。

　　没错，说话简洁，做事必然干练，这就是斋藤孝独一无二的"1分钟说出重点"训练法受欢迎的原因。

通过《开口就能说重点》很快你将学会：

- 在 1 分钟内讲出话题的关键句；
- 用 10 秒钟提出一个厉害的问题；
- 用一句话点出你的提案的诉求；
- 明确地表达歉意让人人都气消；

- 简洁地下指令让工作分配顺利；
- 将负面的责骂转成正面的鼓励！

本书将彻底让你说起话来不再言不由衷，讲完话不再懊恼悔恨。连自己都为自己叫好的说话术，告诉你怎样用 1 分钟，叠加起成功的人生！

你有多少时间推销自己？

语言，就是机会。

说话方式好，可以虏获人心，可以受人认同，可以安抚对方情绪，好处多多。

反之，如果话说得不好，或是语气用得不对，无论说什么都毫无帮助。

现代社会就像是由无数沟通行为所组成的。我们正被迫在前所未有的大量言语中浮沉挣扎。

在资讯不断来来去去的状况下，我们渐渐习惯了"舍弃"。只要觉得电视节目不好看，不到 1 分钟我们就"舍弃换台"。评断、舍弃一个人，速度也不遑多让。我们往往当场就会决定这个人是"笨蛋或精明""有用或没用""迷人或恼人""诚恳或随便"。

时间真的不多。我认为，我们能够推销自己的时间仅有 1 分钟左右。古代有种时间单位是"刻"，大约 15 分钟，然而现代的

时间却是以"分钟"为单位了。如今如果不能立即选择取舍大量资讯，那么资讯净化槽就会塞爆。

既然别人只能给你 1 分钟，那就试着练习把重点浓缩在这 1 分钟里面，邮件长度也限定在 1 分钟能看完的程度。话语的分量跟效果并不成正比，**通常能够建立关系的关键句，只有印象最深刻的那一句。**

我有个学生在教职员录取考试中严重失误，但是最后面试的时候靠着一句"我会用灵魂来上课！"而获得录用。热情和人格，是会投射在言语上的。

首先要切实感受一下 1 分钟的长度。用嘴巴朗诵本书的一页，大概就是 1 分钟。请随机使用任何一页，来感受 1 分钟究竟有多长。

想在这么少的字数之中传达重点，就需要技巧。比方说在这 1 分钟的开头发问。然后放入三个重点，在 1 分钟结束前说出解答问题的关键一句，或是让对方看着某样东西或图案，用 1 分钟做说明。

这种训练应该从小学一年级开始，每天上课都要做，但是绝大部分的人从来都没受过这种训练，就已经进入社会了。

说话简明扼要又印象深刻，跟天赋没有关系。一切取决于要不要练习罢了。

斋藤孝

| 目录 |

第1章　就说话而言，1分钟其实不算短

第*1*章

就说话而言，
1 分钟其实不算短

　　1分钟通常被认为很短，但只要架构清晰，重点突出，其实许多本来冗长的谈话都可以压缩在1分钟内完成。这样不仅节省双方时间，听者也会容易把握主题与重点。

彻底提升 1 分钟的密度

我总是随身携带秒表。无论是在大学上课，还是给社会人士讲座，都一定会带着秒表。为什么呢？因为我深深知晓 "1 分钟" 的重要性。

1 分钟，一般人通常把它当成很短的时间。但是对我来说，1 分钟其实相当漫长。只要有这 1 分钟的容量，就能放进许多重要的话。可是许多人总是大大浪费了这个容量。

如果一般人有 3 分钟，就会用这 3 分钟来思考 1 分钟的说话内容。也就是把时间稀释成三倍。可是，有了 3 分钟的时间，就应该准备三倍分量的 1 分钟话题才对，不是吗？

　　然而，我平时接触大学生与社会人士的时候，发现绝大多数人都缺乏这种"密度感"。几乎所有人都认为，1 分钟就是"很短"罢了。

　　比方说，大家说起话来前言都很长。日本人发言时通常会先谦逊一下，例如"或许我讲的会有些不顺……""在这短短的 1 分钟里，真不知道该说些什么……"之类的。不然就是像说相声一样，洒了一堆笑点却一直没有进入主题。我可以了解想铺陈的心情，但是时间上并不适合。因为开场白如果铺陈了 30 秒，那正题也就只能说 30 秒了。

　　所以，重点就是训练自己彻底提升 1 分钟的密度。用训练让身体记住"高密度"的感觉。有了高密度感，再把时间延长到 2 ~ 3 分钟，资讯量就会相当庞大。

　　当然，人类的谈话内容并非全都是重要资讯，有时候也要调整气氛，炒热场子，引起对方的兴趣，并不是只要密度高就好。但是我认为，语言既然是沟通工具，现代人多少都应该学习怎样提升谈话的密度。

时间是共享的宝贵资源

我之所以这么坚持"1 分钟"是有理由的，因为感觉上，1 分钟的长度比较容易看出开头与结尾。

比方说，我给大学生一项任务，要他们在 1 分钟之内完成，但是才 30 秒我就说"时间到"，那么学生就会抱怨："还不到 1 分钟啊！"如果 45 秒的时候说"时间到"，大家也会发现"时间是不是短了点儿"。要是拖到 1 分 20 秒的时候才结束，就会有人说"这 1 分钟好长啊"。也就是说，大家其实已经具有"1 分钟"的时间长度感了。

但是，一旦我把时间延长到 3 分钟，在经过 2 分钟之后，大家就搞不清楚时间了。交谈的时候情况更明显，通常一定要有人说"3 分钟到了"，自己才会发觉。

让学生做 3 分钟的演说，也没人能刚好用 3 分钟说完。

大多数人都是用前面一两分钟说废话拖时间，差不多过了 3 分钟才打算进入正题，所以很多人都要花上五六分钟。虽不易察觉，但时间就是这么容易流失。

学生演说只要控制时间，问题还不算大。但是有些演说就不是控制时间能解决的。比方说座谈会或分组讨论会，每个人的发言时间总是有限。

假设台上有四个组员，每个人分到 5 分钟的说话时间，加起来就是 20 分钟。而且主持人一开始也这么打算。但是在这种情况下，如果我是第四个发言人，通常轮到我就几乎没有时间了，因为前面三个人的讲话都会超过 5 分钟。以我的经验来看，年纪越大的人说得越久。

如果是学会，超过发言时间就会有人按铃通知，但是座谈会必须尊重出席的学者和教授，总是不好打断他们的讲话。我随身携带秒表，5 分钟的时间就刚好 5 分钟说完。但是如果被排得比较靠后，就连该遵守的时间都没了。

基本上，时间是无人能回收的宝贵资源。多数人共享一个活动，代表大家提供彼此的宝贵时间，共享时间贮水池。这么一来，不遵守时间就等于是一个人夹带共享资源逃走。如果共享资源是金钱，大家一定都会破口大骂吧。

但是，这种行为也并非绝对无法原谅。如果这个人的谈话密度极高，就可以原谅。谈话密度高，大家就会认为"他说得多也是在所难免"。可能还有人会想听他多说一点儿。精通话术的人、资讯量大的人，或是知识经验丰富的人，就可以被原谅。

不过，我觉得即使是这些人，也不太应该浪费时间。电视节目上的讨论，可以剪接精华部分播放，但是现场讨论就无法剪接。这种状况很容易造成**听众觉得无聊、本人却觉得有趣而更加滔滔不绝的窘境**。

⏱ 1 分钟提议法

即使是公司开会，也有不少上司喜欢从头到尾唱独角戏吧。因为上司觉得自己比下属更有经验、更有知识，所以认为"我说的话就是有意义"。

但是我认为，几乎所有事情都可以用 1 分钟，顶多 2 分钟就说得明白。如果超过这个时间，最多只能让所有人享受松懈散漫的气氛而已。如果所有参与者都想松懈摸鱼倒也无妨，要是参与者都不想浪费时间的话，是无法忍受长篇大论的。

再延伸一些来看，没有讨论主题的定期会议这种东西，更是特别危险。我期望中的开会就是某人用 1 分钟提出议题，然后与会者不断提出意见，交互讨论。

换个说法，提出基本问题就像日本歌曲里面的"发句"，也就是像歌曲的第一句一样重要。这个起点越充实，其他与会者就会越投入到会议讨论中。

比方说，"我觉得应该进行某件事情，但是目前还搞不清楚，所以我打算边说边想……"这样的开头，就完全没有吸引人的地方，只会让与会者感到困扰。

或许这时会有比较特别的与会者说："你要不要试着整理一下自己到底想进行哪些事情？"这样就不叫会议，而是心理咨询了。心灵脆弱需要救援的时候，找人商量是很好的方式；但是若要让与会者照顾到这种程度，才能慢慢弄清自己的思路，只会被社会当做不成熟的家伙。

如果能明确提出"我就是要做这个"，然后说明"要做这个，必须搜集以下这些材料"，或是提出两三个关键字，说"目前还没有提出能够凑齐这些要素的基本内容"，这样一来，会议就具体务实。

也可以清楚地说明："我个人关心这个部分，但是不知道怎么连接上社会需求"，或是"社会需要这个，另一方面，我也知道自己手下有多少能量。有没有方法结合这两者？"然后请大家分别提出意见。自己说明"失落的环节"（missing link），可以抛砖引玉，激发出许多好意见。

　　擅长说话的人，会用 1 分钟热场兼说明，让听众觉得"真是听了一席好话"。这就像说相声一样，算是某种能力吧。

　　但是在现实中，重要的是准备一个让别人想走过来的空间。也就是讲清楚重点，然后挑起对方的冲动。这就需要更高超的技术了。

用"1分钟训练"锻炼沟通力

我经常在大学课堂和职场讲座上做下面这样的训练。

首先每四人分一组，然后一组里面每个人准备1分钟的话题来说。训练的规则，就是在说话的过程中要确实注视其他三个组员。

假设要说的主题是"在你这一生中最具有知性教养的一段话"。那么这1分钟里，就要考验你一生中所有的知性体验。就好像日本职业棒球入团考试的考题"让我看看你最快能投几千米的快速球吧"一样。

但是，在这种完全没有事先准备的情况下，一般人都会陷入恐慌。所以在设定主题之后，我一定会让他们有3～5分钟做准备。可惜大多数人都无法善用这段时间；尤其是学生，一半以上会把这段时间拿来发呆，最后还是陷入恐慌。

会望着天花板发呆的人，特别危险。利用时间的诀窍，就是听到"开始想"之后，不要往上看，而要拿起笔；然后尽量**在纸上写下自己想说的关键字**，当作标题；接下来挑选其中最重要的、非说不可的几个关键字，用红笔圈起来；最后**再找出唯一的"关键中的关键"，这就是话题的骨干了**。

这里说的"关键中的关键"，可以是不断重复的话题重点和关键句。最重要的是，都要在 1 分钟结束之前说出最具震撼力的一句话。这句话，应该不用花到 3 秒钟吧。

不管怎么说，重点就是像这样写在纸上做准备。如果光在脑袋里面演练，最后几乎都会失败。人类大脑的记忆容量没有我们想象的那么大，更不用说在分秒必争的情况下，光靠大脑想说得一字不漏，可说是难如登天。

顺便提一下，我很推荐学生使用一种三色原子笔。如前面所说，在写关键字的时候用蓝色，里面非说不可的部分用红色圈起来，有点意思的笑点则用绿色来圈。绿色的部分就是有些偏离主题、但是会让人觉得"原来有这种看法""原来可以扯到那里"的部分。

闲话的目的，不仅是传递资讯而已，也是为了发挥自己的见解与创意、吸引对方的兴趣。所以圈成绿色的闲话也有其必要。

　　资讯用蓝色（13 页范例中的灰框），骨干用红色（范例中的黑框），自己的观点用绿色（范例中的虚线框）。每一种颜色对应一个等级，对这三个等级不能等同视之，要互相组合，建构立体的内容。

"1 分钟训练"的范例

有关"庄子思想"　　　　　老庄思想

○齐物论

一切东西都相同

→ 哈密瓜跟草莓也相同

只是人类自己制造差异罢了
"道"的境界
轻松超越社会价值观

○逍遥游

超越地上的细微分别

向往大鹏展翅飞翔的思想

可以连接到"燕雀安知鸿鹄之志"

● 天生我材必有用

○蝴蝶梦

我在梦中成为蝴蝶

不知道蝴蝶　与眼前的我，哪个才是真的

无法分别梦境与现实

"关键句"

"庄子"就是自由决定一切区别的思想

庄子的主旨在于
"内篇"的开头

○ 举例说明与其他
大家学说不同

"胡塞尔现象学"的应用

"1分钟训练"要不断地反复练习。如果一个人只说1分钟，其他三个人要发表意见也比较简单，如可以清楚了解刚才他说的哪里好，哪里让人想深入探讨等。

当四个人照顺序发表完之后，再一起指出自己觉得说得最好的人。四个人同时说名字，并且用手指向那个人。这样一来，马上就能知道自己得到几票。一轮训练下来，顶多五六分钟吧。

接下来再不断改变每组的成员，重复进行相同的训练，票数差距因此会慢慢拉大，一个讲座里面的冠军自然就诞生了。也就是说，花半小时到一小时，就可以找出谁最能够在1分钟内说出动人的话。

　　说话的魅力，其实很难有绝对而客观的评价。如果有这方面的专家，或许可以评断一个人说话有多少资讯量，逻辑是否清楚，信息是否明确，是不是引人注意之类，问题是这种专家并不多。

　　但是，既然不断交换组员可以累积彼此的主观判断，那么，评价自然就有客观性。这是依据胡塞尔（Husserl）现象学所建立的想法。

　　胡塞尔假设，因为每个人都以主观意识来观察事物，所以世界上没有绝对客观的东西。那么，世界就是完全主观而毫无客观性吗？这也不对。虽然每个人都以主观意识来观察事物，但是只要两个主观意识之间有共通点，那就是共同主观（中间主观）。这是一种接近客观的思维，我们应该就是在这种前提下认识世界的。

　　人类的谈话中，一般情况下，一旦有互相的共同主观，就往往会带来一种客观。如果有些话让大家都觉得"这个真有趣"，那一定有些话会让大家都觉得"真够无聊"。

开始你的"秒表"人生

前面说过，想要培养"1分钟"的感觉，就先准备一个秒表：而且不是有秒表功能的手表，还要是运动比赛所使用的正式秒表才好。不用买太贵的秒表，但是数字跟按钮越大越方便。经常在桌上摆秒表，就可以开始你的秒表人生了。

事实上，秒表非常适合用来念书和工作。如果约会的时候拿出秒表，应该很糟糕吧，因为约会并不讲求效率。但是念书跟工作基本上就是要追求效率，所以反过来说，我觉得念书和工作的时候，如果桌上没有秒表，简直令人难以置信。我甚至认为，所有企业的所有员工都应该随身携带秒表才对。

如果没有时间感，应该就无法工作，所以上班族应该都会排定行程，例如"上午要做这个，下午要做那个""几点到几点要做什么"之类，要不然就是"几月几日要交货"的大行程。

但是我认为，上午下午的半天单位，或是短一些的小时单位，都还是太长了点。很多人知道最后期限是何时，但是不会以分钟、甚至秒钟为单位来注意自己工作过了多久。几乎没有人会注意自己已经失去了 15 分钟的时间，所以大家总是漫无目的地摸鱼鬼混。

如果能使用秒表，工作速度就一定会加快。只要看到时光在眼前飞逝，自然会提高使用时间的密度，解决问题的速度也会更快。就像"限时作答"一样，听到时间有限，斗志就会提升，挑战时间极限的快感会加快学习回路的效能。

对一个人说"做快一点啦"，他也不会特别有斗志，但眼看着时间慢慢缩短却会让人觉得兴奋。所以，看着时间流逝，就能让人想加速完成工作。拥有明确的时间意识，是提升工作效率的最佳武器。

而且，只要习惯使用秒表，在没有秒表的时候，时间感也会更敏锐。你会主动发现"这段时间是不是浪费了？""我是不是太多嘴了？"等等。这就是时间上的"丰田守则"：无浪费、无勉强、无懈可击。

总之，秒表确实能够强力刺激人类的时间意识。我认为，现代人没有注意到这点实在太可惜了。请在进行各种活动之前先按下秒表，计算时间，开始习惯使用秒表吧！这么做，就能慢慢提升你的时间意识。

"自言自语" 训练法

　　如果想训练自己的 1 分钟谈话，与其到处找人练习，不如采用"自言自语方式"，这样更简单有效。这个练习的内容就像它的名称一样，自言自语就好。

　　比方说自己先看完一篇文章，再练习 1 分钟内说完文章大纲。当然要先准备秒表。按下秒表的时机，不是自己讲完，而是 1 分钟到的时候。每按下一次秒表，就完成一组训练。

　　接着，检查自己在这 1 分钟内能够抓住多少重点。检查过后，应该就会发现自己该说的没说，或是不该说的说一堆吧？那么，挑战下一次训练的时候就会注意这些细节。

　　练习第二次，一定会比上一次更能掌握要领，更能随时随地报告这篇文章。第一次练习掌握一半的重点，第二次掌握到八成，这样就够了，并不需要强迫自己掌握最后的两成。因为大略报告就是网罗个七八成，不必十全十美。

不过这里有个重点——练习时，**务必发出声音来**。在心中默念，就无法获得练习效果，因为没有明确地对外输出，脑中意识也会朦胧不清。声音小一点没关系。如果周围的人不会觉得你很奇怪，那还可以大声朗诵。

同时，最好练习讲得快一些。因为讲得快，说话量也更多。一般人在生活中或许没注意，但其实短短 5 秒之中就能说出不少资讯。既然如此，开会的时候也应该只用 10 秒钟就能明确完成提案。

当我上了电视节目之后，又重新感受到快言快语的重要性。例如知名的主持人黑柳彻子、古馆伊知郎等人，连在节目结束前的"最后 10 秒钟"内都能送出大量的资讯。如果他们在这 10 秒钟内只说了"下周请继续收看"，想必花不到 3 秒吧？剩 7 秒钟的空白时间，对电视节目来说简直冷到连血液都要结冻了。因为电视节目只要有 3 秒钟的停顿，观众就会感到莫名其妙。

所以我想请各位实际试试看，一件事情可不可能只花 5 秒钟就说完。只要说得够快，点出"时间、地点、活动内容"真的只要 5 秒。电视圈是弱肉强食的世界，通常一个人每次能分到的说话时间不过 5 ~ 10 秒，所以上电视的人自然而然就要变成快嘴。

在日常生活中，滔滔不绝的机关枪快嘴可能不会给人太好的印象。但是换个角度来想，讲话讲得快，听的人也比较省时间。对于忙碌的现代人来说，快嘴应该是一种对听众的体贴行为才对。

既然能说得又快又正确，当然也能慢慢说。有如大包含了小，快当然也包含了慢。

检查自己的口头禅

平常我在看电视的时候，总会反射性地注意电视上人物的口头禅。有人喜欢"这个""那个""嗯嗯""啊啊"，有人明明没举例却喜欢说"比方说"，还有人说了"相反地"，话题方向却依然相同。当事人可能只是无意识地把它们当作口头禅，但是对我这个听众来说，却会因为被分心而感到烦躁。

如果没有人指证，自己便无法发现这些口头禅。所以只要有机会，我推荐两人一组，互相检查彼此的口头禅。练习到一定程度之后，就互相指出对方的问题，例如"你刚刚说了五次'那个'"。只要知道这些细节，就能大大改善说话习惯。

如果想做更严格的调整，还可以把自己说的话录下来。这可是非常痛苦的事，因为一般感觉正常的人，后来都会因为发现

"我怎么会说这么多废话"而目瞪口呆。

当然，说话不需要像书写一样正确。而且要是说话跟书写一样正确，反而会失去语言的湿润感和蓬松感，听起来特别辛苦。重点是，说的话要能成为完整的文章。通常本人不会发现，但说话时的主词和形容词关系经常会产生偏差。

要不要试着把自己说的话录个 1 分钟，然后改写成文字呢？绝大多数人一定会惊讶地发现"我竟然说过这些话"。跨越对自己的厌恶，加以修正，就能学会更精确的说话方式。

或许你会觉得自己说的话没有糟到那种程度，但是这项训练真的非常重要，因为我们很缺乏客观审视自己的机会。

你能做到"所答即所问"吗？

继续延伸来看，我希望你能客观看待"1 分钟谈话"这件事。

比方说开会，就可以限定每个与会人士只有 1 分钟的发言时间。如果大家各说各的，时间又不受限制，内容一定很难整合。但是有了 1 分钟的限制，就可以比较每个人的发言密度。从这个观点来看，1 分钟限制对团体面试来说也很有效果。

一般人也许会认为，这样一来"顺序越后面的人越不利"，因为你想说的可能会先被别人说了。但是实际上，排后面的人反而比较有利，因为你已经听过前面的人怎么说，将其他人说过的重点整理起来，找出逻辑条理，再加上自己的一点创意，一定能拿出漂亮的说辞，所以不用太过在意顺序。

比顺序更重要的问题，是答非所问。正确回答对方的问题是最基本的社会规范，如果连这么基础的规范都做不到，说辞再漂亮都没用。拐弯抹角、答非所问不仅不能加分，反而还会被扣分。

或许你会觉得"这不是理所当然吗"，但是实际上，大多数人都没受过所答即所问的训练。我推荐各位先设定问题问自己，然后检视自己回答的内容。如果能加上"要举两个实例"之类的限制，效果会更好。

持续进行这项练习，在实际面对问题的时候，就会注意回答方式和回答限制。甚至可以培养出更上一层楼的能力，推测得出对方的意图，知道对方想了解的重点。

我不但对社会提出"发问力"的概念，还要求普及化。然而，发问力的对象还是自己。不断提出问题、延伸问题，才能将他人观点放入自己的思考回路中。

心中要有一张自我检查表

如果不是非常正式的场合，一般人不会去反省或回想自己的发言。但是这种说后不理的状态，并无法提升谈话品质。于是养成检查说话内容的习惯就相当重要。

请经常在心中准备一张检查表。检查表大致有两大类：第一类是技术面的检查表，项目可能包含"有没有提出实例"、"有没有说得简单，符合对方经验"（之后会详细解释）、"内容是否简洁"、"有没有关键内容"（之后会详细解释）、"有没有缺点"（之后会详细解释）、"是否在1分钟内结束"等。

第二类是效果面的检查，项目包含"是否撼动人心""对方有无发言或发问""有没有激发对方做出'喔喔''嗯嗯'之类的反应""有没有使对方烦躁""能否承接下文"等。连听者的反应都要检查，似乎太辛苦了些，但是我认为确实有必要。

如果不正确评断对方的反应，自己说话的方式就得不到回馈。有一种学校老师，总是在台上口沫横飞，底下的学生却睡成一片。公司里也一样，下属总是装得很认真听上司讲话，实际上有没有听进去就不得而知。**我们必须观察对方的小动作、态度、表情、视线，从这些反应来随机应变，转换或停止话题。**

假设你连续讲了一小时，绝对记不住过程中对方有哪些反应，检查起来也非常困难。但是只讲 1 分钟，检查起来就轻松了。每 1 分钟就停下来检查一次，脑袋里就会留下检查点。次数一多，就会养成边说边检查的习惯。即使说话时间从 1 分钟延长到 10 分钟、20 分钟，甚至 1 小时，都可以说得很顺畅。

这就像用五人制足球练习足球技巧，先在小地方反复练习，彻底掌握基础技巧之后，再到大一点的场地试身手。如果一开始就到大足球场练习，影响因素太多，就不知道该检查什么项目了。

心中的检查表

☆ 技术面

☐ 有没有提出实例

☐ 有没有说得简单，符合对方经验

☐ 内容是否简洁

☐ 有没有关键内容

☐ 有没有缺点

☐ 是否在1分钟内结束

☆ 效果面

☐ 是否撼动人心

☐ 对方有无发言或发问

☐ 有没有激发对方做出"喔喔""嗯嗯"之
　　类的反应

☐ 有没有使对方烦躁

☐ 能否承接下文

🕐 学会结构化，就算英文提案也没问题

彻底重复"1分钟锻炼法"，慢慢就会具备时间感，培养出挑选谈话重点的习惯。以我的感觉来说，上过四五堂课之后，有锻炼跟没锻炼的学生就会拉开差距。刚开始手忙脚乱的学生，不知不觉就变得冷静沉着，讲话也抓得住重点。

而且，就算换成英文或其他外文也一样轻松。只要有充分的准备时间，用英文思考提案内容就可以了。可以用1分钟说完，代表你掌握了内容的架构；而架构分明、重点清楚的谈话，即使是英文也一样好懂。其他外语当然也一样，重点就是含义清楚，结构明确。接下来就是有没有一定的英文基础了。

附带一提，其实英文特别适合这种清楚的表现手法。日本的童话故事讲起来之所以总是慢吞吞的，是因为受到日文自古以来

的行文习惯的影响。另一方面，以英文谈话书写的时候，就有转入清晰模式的感觉。使用英文一定要轮廓清楚，事先掌握要义，否则用起来就不会顺畅。英文绝不容许"意思差不多通就好啦"。

虽然英文讲究正确，却也有许多抽象词替代的关键字。虽然日语中的汉字也有抽象化的能力，但是在微妙的语意差别方面，还是英文传达起来比较方便。

比方说把 management 换成日文，就很难找到相同的用词。直接翻译的话是"管理""经营"，但是意思总有点不一样；或是 concept 这个单词，可以勉强翻译成"理念"或"综合概念"，却也没办法了解 concept 的本意。

当然，过度使用英文单词会让谈话内容模糊不清，但是也不用极端地认为"会耍 concept 这种词的人不值得相信"。如果没有适当的翻译用词，在母语中加入一点外来语，确实可以让语言产生微妙的差异。

检查自己是否"正在说有意义的话"

本书的主题是"传达的技术",并不是所谓的"话术"。

对别人传达事情的时候,第一要务就是"有没有说出你想传达的意义"。比方说,最近很多日本人开始上英文补习班。虽然上总比没上好,但是在上课之前,总应该先确实掌握自己正在使用的日文才对。

所谓沟通,基本上就是彼此交换意义,如果用日文时连基本意义都不明白,就更别提说英文了。反之,只要意义够明确,就算英文用得破破烂烂,对方也能做出回应。

所以,最好养成确实检查说话含义的习惯。简单来说,就是**自己骂自己"你说的话毫无意义"**。

绝大多数的日本人,都不会当着别人的面这么说。因为这种做法很没礼貌，更重要的是，日本人并不在乎"意义"。

日本人的沟通方式，一直都不以交换意义为主要目的，主要目的反而是"分享彼此的情绪"，如果目的在此，意义的价值相对就比较低了。

所以酒席餐会就是日本人的重要沟通场合了。在酒馆里，大家不需要比对逻辑，只要分享彼此的情绪就好。一起喝酒，一起打高尔夫球，一起去澡堂泡澡，这些活动带来的同感，可以推动场面气氛与人际关系。

换个说法，日本人又喜欢把沟通当作一种"家族活动"。家人之间的对话并不讲求效率，也不需要意义，只要彼此意思相通就够了，所以无趣的长篇大论也可以接受。如果家人彼此指责说"你讲的东西含义不够充实"，那么大家很快就没兴趣聊下去了。

在宫本常一所著《被遗忘的日本人》（岩波文库）一书的开头，有一个大家窝在一起度过好几天的情节，实在非常有日本味。一群人的目的不是找出结论，只是要靠在一起，互相聊天，互相亲近，享受温暖；而结论一定要大家都能接受才准放行，也就是完全的民主主义。日本人就喜欢这种花时间发酵、熟化的"发酵式对话"。

在这种语言空间中，指责别人"你说的话到底有什么意义"就犯规了。欧美人经常拿着"意义"这把利刃抵着别人的喉咙来进行讨论，跟日本极端地不同。如果说欧美人的竞技型沟通会注意输赢，日本人的轻松沟通应该就属于街头艺人型吧。

"那句话有意义吗？"

亲朋好友之间的对话可以缺乏意义，但是生意场上绝不允许"无意义"的对话，人人总是会问你："有没有在用脑袋？""你到底有什么意见？"

尤其在欧美国家，大家常说"我想听你的意见"。只要自己说的话有意义，就算不用英文来说，也可以透过他人翻译，让对方了解；但要是英文讲得无比流利却毫无意义，对方也不会接受。就像是一般美国小孩，即使英文朗朗上口也没办法跟生意人交谈。从现实方面来看，一定要常常说"有意义的话"。

基本上，日本人连 speech 的概念都没有。福泽谕吉当初以"演说"的概念将 speech 带进日本，让庆应义塾的学生练习，但是当初一个人都办不到，这表明了日本与欧美的文化存在基础性

的差别。

从这层意义来看，日本人需要的特性，跟日文原有的"传达浓稠情感"的特性并不相同，如此这般，日文才会充斥着无法清楚解释 innovation、motivation 等外来语的现象。

不过，太过依赖这类外来语却往往会让谈话变得肤浅。在对话变得肤浅之前，必须冷静思考自己说的话是否有意义。

于是我有个提议：请拿支笔对着自己的喉咙，想象欧美人拿着西洋剑对着自己，感觉应该不错。这样你就会发现，原来自己不先写下来，讲话就毫无意义。接下来你就可以写个备忘录，安排轻重缓急，再把笔拿回来对准喉咙，只要含义不明，就轻轻戳一下。虽然只是个游戏，但是体感会特别深刻，也会有明确的印象。

通关密语就是"随身携带欧美人"。经常与第三者携手合作的姿态，我想，在旁人眼中看起来应该不会太奇怪吧。

第 *2* 章

万能的"河流模式"
锻造讲话高手

说话时，想象你和听者之间有条河流，为使听者抵达对岸（理解你说的话），你需要设置几块"踏脚石"。而重要信息点就是"踏脚石"，能否恰当摆放这几块"踏脚石"，是决定沟通是否顺畅的关键。

说话时的重点信息
就像渡河时的"踏脚石"

　　演讲的讲师通常有两种。一种是慢条斯理型，这种人很会讲故事，善于对听众传递情绪；尤其要讲一个赚人热泪的故事时，讲得太快就没意思了。

　　另一种就是简单有节奏，话题推展迅速的人。这种人，在交换工作资讯与执行任务的时候特别有效率。

　　就后者来说，如果说话的人脑筋转得比听众更快，演说就会很顺利。因为人类听取语言的速度其实非常快。如果讲师的速度太慢，演说内容与听众的意识就会产生落差，这么一来，听众便不想听脑筋比自己迟缓的人说话。

　　但是，有了"一泻千里"的流畅口才就没问题吗？那也未必。因为"一泻千里"就像字面感觉一样，流过去就什么也不剩。也就是**"他是讲了很多，但我不记得到底讲了些什么"**。

这方面，我推荐各位想想"踏脚石"。想象演讲者与听众之间有一条河流，只要越过这条河流，就可以接受讲师想传达的观点；但是河水太湍急，游不过去，所以需要几块踏脚石。放置踏脚石的动作，就是对话的基础作业。

这里所说的河流，可以想象成说者与听者之间的知识隔阂。如果两人之间的谈话完全可以衔接，也就是尽说些早就知道的事情，其实一点都不有趣。踩着踏脚石渡过有点难度的河流，获得从未接触过的知识，才是人之常情。

但如果话题难度过高，又不适当设置踏脚石，听众就会在途中"溺水"。更严重一点的情况则是，甚至河流边都没有危险的标示，也就是连要讲什么主题都没有说明的状况。

说话的时候，至少要让听众知道这里有条河流存在。假设河流中有三块踏脚石，你至少要帮助对方抵达第二块。假设要解说爱因斯坦的相对论，第三块踏脚石一定要是专门的物理知识，否则听众跳不过来。但是"在行驶中的火车上跳起来也不会跌倒"这种等级的知识，一般人都能理解，可作为第一块踏脚石。这种循序渐进的讲解，可以避免听者理解不足，听过就忘。

因此在开讲之前，最好先把踏脚石画成图，条列项目也不错，但是我比较推荐画出河流的感觉。先在一张纸上画两条横

河流的模式

【全新的认知】

【既有的认知】

线，代表河流，然后在两条横线之间画三块石头，填入你想到的内容。这种视觉化的思考方式，比较容易掌握谈话内容。

当然，听众知识够丰富的话，踏脚石可以少一点。基本上，能够跳过三块踏脚石而抵达河流对岸，听众就会满足了。但是无论如何，都**必须先说明"渡过这条河之后可以得到什么好处"**。

假设要说明相对论，那么河流本身就已经宽到惊人。在爱因斯坦出现之前，人类甚至连这条河流的存在都不知道。也就是说，爱因斯坦发现了这条河流，渡过它，然后获得前所未有的成就。

当然，一条从来没人成功横渡的河流，就代表了不能轻易渡过。但是只要有人成功过，发现渡河的诀窍，其他人也可以根据诀窍勉强渡河。这就是启发性的沟通。

🕐 思考的黄金定律，让听众抵达"不一样的点"

　　理解了河流的印象之后，必须进一步把印象训练成技能。实际对人说话，或是听人说话的时候，自然而然就想起河流的印象，犹如自己擅长的一项技能。那么，具体传达意念的技术就会更上一层楼。

　　举个例子，我们用"河流模式"来重新解释拍贴机器的研发过程。我们这边的河岸是照片，河的对面是拍贴，那么"想做成贴纸""想拍好几张"之类的创意就是踏脚石。实际上，或许早就有人想到了拍贴的完成形态，或是只靠一块踏脚石就完成了今天的拍贴机器，不过无论如何，使用河流模式会比较容易整理思考程序。

"只要走这一步，就会变成这样"的思考方式，就是逻辑的原型。世界上的各种主张，绝大多数都遵循此方式。无论是提案书还是论文，都会有人说："一般人的看法是这样，但是换个角度来看却会变成那样。"然后准备几块踏脚石，让人抵达这个 "不一样的点"，这就是思考的黄金定律。

另外一个例子就是 "人民的愤怒"。乍看之下，"人民"与"愤怒"的关系并不明显，所以我们可以把这两项放在河流的两边。如果可以结合这两项元素，就像渡过了一条河流一样。

所以，让我们看看以下这段话。

> 现代的日本人民都误以为，权利与自由是天上掉下来的礼物。但实事上并非如此，人民与掌权者经过长期斗争，才一点一滴赢取了权利与自由。所以人民对于侵犯自由与权利的行为，当然要感到愤怒。因此人民如果没有经常感到愤怒，权利与自由有可能会逐渐被政府侵蚀掉。

我们可以用历史来证明这段话，那就是古希腊民主政治改革与法国大革命，还有英国大宪章的故事。日本的相关历史则有江户时代的一揆（民间政治团体，此处指日本人民对领主统治的反抗），第二次世界大战后的水俣病诉讼、C 型肝炎诉讼等。

"人民"与"愤怒"

【愤怒对人民来说是不可或缺的要素】

因此人民如果没有经常感到愤怒，权利与自由有可能会逐渐被政府侵蚀掉。

但实事上并非如此，人民与掌权者经过长期斗争，才一点一滴赢取了权利与自由。

现代的日本人民都误以为，权利与自由是天上掉下来的礼物。

【人民】

其实也不需要坚持三段推论法。只是依序（1）说明现况；（2）对比过去来反省现况，具体说明反省的观点；（3）所以会变成这样。这样会比较容易得出结论。

反过来说，不管什么主题的推论文，只要套用这个模式，就能有某种程度的理解。反复练习，学会这种思考模式，就能用这个模式思考大多数的问题。

在听别人说话的时候，也可以套用这个模式。你可以忘记繁枝末节，但是要记得配合河流模式，体会"他现在正在说第二块踏脚石的内容""这样就可以渡到对岸去了"的感觉，比较容易掌握谈话重点。

怎样挽救"你说的话好无聊"

　　一般来说，我们只是理所当然地说着万分合理的事情，所以人家会嫌"你说的话好无聊"，你也会觉得人家无趣；但是只要经常抱持河流模式，你自然就会注意到谈话中的主题和重点。这可以训练说话者的思考模式，也可以培养创新思维。

　　基本上，人要讲话的时候，或多或少都会提出一些与众不同的看法。这条河流越是宽广，踏脚石的放置方式就会越大胆吧。

　　另一方面，说者必须给听者一些惊讶的要素。人类看到河流就会想渡过去看看，但前提是话题必须有逻辑，才能让人接受。也就是说，在谈话中，要先让对方知道这里有条河流，引起对方的兴趣，而且要让对方为了这条河流而惊讶。

　　谈话顺序有好几种模式。一种是传统方式，也就是"先通过一块踏脚石,再踩上第二块,小心点,慢慢渡河过来啊"。

另一种是以先跟对方说"对岸有这种好东西喔""想不想亲眼看看啊"的模式,来挑起对方兴趣。这时可以玩点小技巧,先吓吓对方:"这条河又深又急。"然后又安抚他:"不过只要依序踩着踏脚石过来,就很安全啦。"那么对方的关心、感动与感谢,就会更多几分。

也就是说,你可以更改自己的位置(现状)、要渡过的河流(过程),还有河流的对岸(结论),只要配合对象与场面来调整即可。

另外,也不一定要用"河流",可以换成"宝岛"。先提醒对方"想要获得宝岛上的宝物,必须通过三道关卡"。然后你再去设置每道关卡的风险,以及相应的谜题。以同样的原则来看,也可以替换成《快跑,梅洛斯》(作者为太宰治)版本,把急流和土匪当成"风险",让对方觉得"趁现在过去还来得及"。把这些模式制作成档案储存在电脑里,就可以产生更清楚的印象。

重点就是把这些印象完全视觉化,让对方实际体会正在渡河的感觉。当听者感觉自己确实渡过了一条河流,就会觉得"听君一席话,胜读十年书",或是"这个案子,一定要放手去做做看"。

这种做法看起来或许有些幼稚,但是人类的满足感却正是建立在这么简单的成就感上。

当然，要把所有知识都套入某项比喻之中并不那么容易。但是努力试着套用，就会习惯这种模式，你也会因此得到的好处。

如果能把模式变成技能，就能同时磨炼出印象视觉化的能力。能够在脑中清楚想象终点和踏脚石的人，说起话来总能让听者也感受到这些东西。

只把语言当语言来使用，会让人觉得无趣。因为单纯的词句排列无法唤起听者的想象力，高等级的说话内容才能让听者获得比内容更多的灵感，这也可以说是一种化学反应。

用语言激活听者的想象力

有人觉得，想要给听者明确的印象，直接给他们看影像就好了。如果有影像可以看当然最好，但实际上，这种机会并不多。

比方说我有个朋友，他的工作是用塑胶制作提案用的成品模型。有必要的话可以委托其他专门公司制作模型，但是没办法全部交给别人做。此外也可以用电脑绘图来展示，但需要相当的技术和时间。

其实最容易发生问题的状况，在于把展示影像当成最终目的，而省略了语言传达的过程。这样绝对不够。与其让对方观看实际影像，不如让对方自己想象，那样会更有价值：提案人与听众双方以想象力来共享一个影像是一种快乐的事。

比方说，如果我要对编辑提一本书的企划，常常是我先说明

"装订要这样，内文排版要这样，字体要这样"。然后编辑会说：
"我感觉到那个影像了。"即使没有模型和样本，也一样可以获得
共识。

而且彼此以想象力修补缺失、共享成就，就会获得某种兴奋
与感动。看了伟大的动画电影会很感动，但是电影里面并没有观
众自己的想象力存在。但是看了《十五少年漂流记》（儒勒·凡
尔纳著）之后，脑中就会去想象故事景象，之后与读过同一本书
的人聊到这本书时，对某个章节拥有共同印象的话，话匣子自然
就打开了。这是因为，看书所使用的想象力与看《十五少年漂流
记》动画电影所使用的想象力截然不同。

简单来说，透过语言交换脑中的印象，是最有人性的动作。
只有人类可以做到这件事情，这也是人类专属的欢乐。放弃这项
欢愉，不去接触对方的想象力，实在太可惜了。

日后的提案活动会越来越视觉化，大量使用投影片和电脑绘
图，外观会越来越精美；但是，这样并不能锻炼语言能力。

而且不管视觉技术如何进步，问题发生处和步骤顺序也无法
视觉化。语言在这些方面上有消除模糊的效果，是搞清楚问题逻
辑的最棒工具。无论何时，语言都不会丧失它的价值。

唤醒对方的经验，是强化印象的最有效方法

男女老幼、社会人士、家庭主妇等，都可能是我讲座上的听众，也都有机会与我当面交谈。以一个大学教授来说，我的听众群算相当广吧。

对象不同，谈话内容当然也不同，其中有两点我会特别注意。第一点前面说过，就是给听众一种视觉印象；第二点就是推测听众有多少经验，然后在谈话中唤醒对方的经验。只要掌握这两点，说服力道就会截然不同。

我把第二点的能力称为"经验唤醒力"。这种能力，可以让听众在听我讲话时想起本身的类似经验。只要有这个能力，谈话内容给人的印象就会深刻许多。

比方说，我要谈的是弗洛伊德。如果我照本宣科地说："弗洛伊德的心理学中，包含了性欲、超我、情结等概念……"想必听众的反应只会是"喔，这样啊"。

但是如果我在这个时候说明："我们的潜意识之中有许多东西存在，这种心理综合体就叫作情结。而性欲指的是性冲动，控制性欲的部分就是超我。超我就像是自我的"父亲"，会发出'不能这么做''应该那么做'的指令。"听众自然就会想起"这样看来，我好像也有类似的情节喔""我的超我是什么呢"等经验，自然不会忘记弗洛伊德的学说。

如果听众养狗的话，狗的相关话题就很有用。重点就是深入了解对方的经验，在做比喻的时候配合对方的经验，对方就能把谈话内容当成自己的实际体验。

我想，我们学习新知识的方式，就是从既有的知识和经验做延伸，否则，就算有人给我们一座远离既有知识的新知岛屿，也会很快从我们的记忆中消失。**很多人会把课堂上学过的知识忘光，就是因为这些知识跟自己的经验毫无关联。**这个现象可以当作很好的负面教材，它提醒我们一定要说出更有内容的话。

我想大多数人在说话的时候都不会注意"经验唤醒力"吧。毕竟不是每个人都有机会对大众做一两个小时的演说，确实没必要下这样的工夫。

由于我几乎是每天经历这样的情况，深深了解听众只对与自己有关的问题有兴趣，与自己无关的事情则当耳边风，所以我必须经常深入接触关于听众的资讯。

开口就说对方最感兴趣的东西

假设演说对象是小学生的话，我就会加入《周刊少年JUMP》（漫画周刊）或当下热门的搞笑艺人等话题。小岛风靡日本的时候，我就会在演说中提到："小岛的口头禅'那又没差'听起来有点太过任性，但是当人讨厌某件事情的时候，也一样会对自己说'那不过是小事情，忘了就好'。一个人讨厌自己的时候大喊'那又没差'，就是要从脑中赶走厌恶自己的感觉，恢复心情。"这样一来，即使是小学生也多少能理解我要说的内容。

"经验唤醒力"并非只为了唤醒个人的经验，如果经验无法共享，就没有意义了。我把能够共享的经验称为"文本"。意思不是"教科书般的句子"，而是"创造新含义的材料"。

流行的笑点之所以会流行，应该就是因为它包含了共享性高的文句。但是这种流行话语的保存期限很短,所以掌握新鲜度就很重要。就这点来说,老掉牙的笑点反而用得安心。

谈话内容的文本性有高有低,文本性高的谈话,含义深远,值得一再咀嚼。比方说宣传单上的句子,含义单一而明确,没有任何解释空间,但是宫泽贤治的诗作则有许多解释方式。诗词这种东西,能够随读者的心境而改变含义。绘画也一样,每个人看到的意境都不相同。能够做出多样化的解释,就是有高度的"文本性"。

因此,重点就在于找出能够与对方共享的文本,也就是需要文本探测力。你必须从平日开始锻炼这项能力,经常拉开自己的天线,**习惯站在对方的立场思考,找出眼前这个人到底有什么需求**。

如果没有这种能力,就等于放置了错误的踏脚石,反而造成听者的困扰。这种能力不是要像做问卷或市场调查那样精密,而是要以直觉推测"目前这些人对什么有兴趣"。

什么都拿来"连连看"

　　文本探测力并非单纯地迎合听者。虽然某个年龄段的人可能特别喜欢或某个时代特别流行某些元素，但是如果不能把这些元素融入自己的话题中，那么，这些元素就没有文本价值。

　　对小学生听众使用搞笑艺人的笑话，或许当下会很受欢迎，但这不过是模仿，没办法连接上真正要说的话题。一旦说出"接下来让我们进入正题"这种话，好不容易炒热的场子就会冷下来。

　　这就是单纯把笑点拿来吸引注意，却没有发挥文本效果的例子。真正重要的技术在于**以自己的角度切入文本，与自己的话题连接在一起**。

　　那么，要如何锻炼这样的技术呢？

　　最快也最简单的方式就是，训练自己"什么都拿来连连看"。

就好像要写相声的桥段一样，这里要求的就是"踏脚石的感觉"。追求保险的做法固然不错，但是采取稍微强硬一些的放置法，营造出"惊险渡河成功"的紧张感，也很有趣。

例如，我会对小学生念完一篇有条不紊的文章，然后安排一份作业，内容是"请从文章中选出三个段落，让你觉得一看就能感受到内涵"，或是"请从这篇文章中选择三个关键字来说明文章的内容"。有些小学生挑选得很好，甚至会让人觉得他的品味出众。经过反复训练之后，"连接"的能力就会大幅提升。

为了提升沟通能力，我会刻意挑选关键字并加以连接。因此我在看书的时候不会只是看，而是习惯去找其中的关键字。另外，我也不断练习重新组合关键字，然后对他人说明。在我心中，阅读、说话、书写是三位一体的。

社会上有很多人"辛苦地读了很多书，却没办法对他人说明内容"，这是因为他们输入的前提并不是输出。只要这一点不改变，不管输入多少东西都记不清楚。**在输入的时候，一定要同时加工。**

听别人说话的时候，也要思考如何能把这段话正确传达给第三者。这样一来，**在听人说话的时候，就会去注意"关键字在哪里""重点是什么"**。一般人在听了别人说完一段好话之后，都会想把这段话说给其他人听，却总是没办法正确复述。所以，**在输入的当下就要注意输出时的结构。**

开口说出也是最佳的记忆方式

从 20 世纪 80 年代以来，知识与教养越来越不受到重视。因此，知识与教养在近代文章中的力量也越来越弱。比方说，学过弗洛伊德的人就没什么机会说出他的研究成果。或许有不少人在大学里听过弗洛伊德的课，但在日常文章中引述弗洛伊德依然有些唐突。

学过弗洛伊德的人，可能会在闲聊之中不经意提到"这是 lipido（性驱力）的缘故"，试图营造出教养的差别，但是通常只是白费力气，不会因为提到 lipido 就引发新的对话，或是表达非讲不可的话。知识与教养，俨然已成为海中孤岛。换个观点来看，就是不擅长运用知识与教养的技术。

其实这也勉强不来。学生时代的期中、期末考,并没有针对特定主题说话的项目,大多数的知识测验,都是以记忆与问答为主。这样一来,学单字只记得片段,而因为片段的记忆找不到线索,考完之后就全都还给老师了。

因此,如果在上课的时候也能进行"请在 1 分钟内简单叙述江户幕府的组织架构"之类的训练,课程内容便会完全不同;理工科类,也可以用"请在 1 分钟内说明何谓化合物、何谓能量"来进行训练。光靠片段知识无法进行完整说明,必须先组合许多资讯再输出。

尤其进入社会的成年人,要重新学习某项知识的时候,陈述就是绝佳的学习方式。**事先做笔记,在 1 分钟内重新输出知识,知识就会以"成熟的方式"留下印象。**

比方说有份作业,要你针对某个主题做 1 分钟说明,那么你就可以搜集关键字,并实际演练三次左右。这样一来,无论何时要说这个主题,你都不会忘记。我把这个方法称为"输出学习法"。

开口说是最佳的记忆方式。搜集基本资讯,重新组合成 1 分钟的谈话内容,然后对别人讲出,则是吸收知识核心的有效方法。

但是，现代的学校教育既没有这方面的课程，也不会考这种题目，更不用说高中学科能力测验了，就连大学入学考试也不会。也就是说，没有哪所学校有机会实践这项训练。这样一来，"30 分钟或一小时的演说"当然只有该科目的老师或教授才能办得到了。

一张 A4 纸的资讯，简单扼要地说完差不多就是 1 分钟。当知识像纸张一样逐渐累积后，就会变成社会人士所使用的知识。从学习的角度来看，"1 分钟"也有如此用途。

锻炼连接力与梳理脉络能力

"输出学习法"所需要的不仅是知识量，还有架构知识的技术。当你被问到"第一次世界大战是公元几年开始"时，你或许还能回答得出来；但是如果问题改成"请用1分钟说明第一次世界大战和第二次世界大战之间发生过哪些大事"，大多数人应该都会手足无措吧？了解自己为何恐慌也是一个重点。恐慌让自己发现问题所在，才会激发克服问题的斗志。

反复并彻底地练习过之后，连接语句的能力就会增强，能够让你思考每一句之间的因果关系、优先顺序，养成建立逻辑架构的能力。

目前这个时代，连接力应该是要受到特别瞩目的能力。只要有网络，搜集资讯便再简单不过；但有了资讯之后，接着就要连接资讯了。

大多数的创意和企划，都是连接了乍看之下不相关的东西才会产生。只要发挥惊人的连接力，让听众知道"原来这个跟那个可以这样串联"，那么，即使只有 1 分钟也能马上炒热气氛。

学校里的每个学科里，其实都有值得互相连接的好材料。比方说近代文学，就可以设定"请找出这篇文章的关键字，用 1 分钟说出主旨"这样的课题。但是，现在的学校教育却完全放弃了这样的训练。

比方说在法国，数学考试不能只列出数学式，还要有文章说明答案才行。东京大学入学考也一样，数学不能只写出算式，还要以日文写出演算逻辑。这是教授给考生的一个信息："数学也是语言，希望各位能对他人说个清楚。"

东京大学的社会科考试以申论题为主。所有学科都要求公式和词句互相连接，这种分清条理的能力，也就是梳理脉络的能力。但是这个信息显然还没推广到初中、高中，因为初中、高中的课堂上并没有训练梳理脉络的能力。

因此，我在上课时会进行下面的训练。首先我会讲 15 分钟的话，然后让两个学生一组，其中一人用 1 分钟简单叙述我说过的话，另一人负责检查他说的大纲，看看有没有疏漏；然后角色互换，让原本负责检查的人用 1 分钟延续前一个人没说到的大纲。这样就完成一组。我把这个方法称为 "再生方法（老师增加方法）"。

下一步就把限制时间延长到 1 分 30 秒，在文章中加入自己的亲身经历。重复别人的话，再加上自己的故事，这段话就完全是自己的东西了。只要重复这项训练，就能把任何知识纳为己有，而且还能在 1 分钟内对他人说明。

谈话跟讲故事不一样

目前我们称赞一个人很会讲话时，会说"他讲话很有笑点，真有趣"。这个讲话中的"话"，通常指的是故事性的谈话内容。讲故事需要分配起承转合，还要加入一些有趣的桥段。

没错，只要有这种能力，就能吸引听众。被称为"讲话高手"的人，就是随时都有笑点可以用的人。而且在到处讲故事的过程中，他还会删除不受欢迎的点，留下真能令人发笑的桥段，甚至还会组合多个笑点，所以讲话越来越有趣，而且还有绝对不会冷场的笑话。

不过，讲故事跟讲大纲有一定的差别。

比方说桃太郎的故事，一开始先说："很久很久以前，有一对老爷爷老奶奶。老爷爷到山上割草，老奶奶到河边洗衣服……"

一直讲到桃太郎打完鬼岛凯旋，肯定要花不少时间，要在 1 分钟内说完确实有点困难。

但是如果只说故事大纲的话，只要说明"从桃子里出生的小孩，带着狗、猴子和雉鸡往鬼岛出发，打败鬼之后凯旋，大家开心庆祝"就好了。如果再加上一点人物介绍，1 分钟内就能把故事内容交代清楚。也就是说，将故事架构分解组合，了解逻辑构造，就能说出大纲。

此外，要是再加上一些自己的观点，例如"这么强硬的攻坚扫荡，从鬼的立场来看有点不讲道理""用食物交朋友的方式，现在也一样通用"，故事就能更添光彩。

想要用 1 分钟讲重点，前提就是在心中将内容完全结构化，并筛选精华。而且要尽量把重点讲在前面，才不会担心时间有限。相反，在讲故事的时候先说明架构则不适当，因为故事的高潮要留在最后。这一点有极大的差异。

第 *3* 章
解释一个提案不需要
15 分钟，1 分钟就够！

　　你的上司很忙，也很聪明，他不需要你花 15 分钟详细解释提案。你只需一句话讲出提案诉求，并讲出最大优点和缺点，他就明白了，而这仅需要 1 分钟。同时别忘了，提案中要有引起他兴趣的一句话。

给大忙人解释提案，时间越短越好

我设定"1分钟"的理由，并非只有时间感而已。

无论是哪一种行业，想开创某项新事业的时候，都一定要让具有决定权的上司点头同意才行。而这些具有决定权的人，基本上都非常忙碌，即使一起开会，也不一定有时间对他们解释提案，甚至你本身可能在会议上都没有发言权。

如果一定要接触这些人的话，该怎么办呢？有人会为了接触上司，而陪他们去打高尔夫球。但是真正能干的上司，不会跟不熟的下属一起打高尔夫球。

下属对工作有什么具体要求的话，如果听起来感觉不怎么样，他会当耳边风；听起来有点兴趣，他就会说"整理一些资料来给我看看"。说得夸张些，我想所谓能干的上司，一定在等一份充满创意、有如革命新芽般的提案吧。反之，只想跟自己拉近关系的下属，只会让他们反感。

所以你需要掌握在短时间内引起对方兴趣的技巧。比方说，偶然在电梯里相遇都能提出一份企划：这种游击队战术，确实更有成功的机会。

大家都知道，搭电梯是共享时间，顶多只有几十秒，问题就是如何用这几十秒来解释提案。要是在说到提案核心之前上司就离开电梯，那便毫无意义了。"再给我 10 秒就够了"，这种马后炮毫无帮助。

这个时候，老实说，你不需要"起承转合"中的"起承"。权力越大的人越是忙碌，越忙碌的人越急着听结论，发言越长他越不想听。

而且，真正优秀的人都懂得举一反三、见微知著。只要先把核心内容说出来，他就明白整个轮廓。如果忽略这点，拿又臭又长的 PPT 文档讲个半天，上司肯定百般不耐。

他们真正有兴趣的重点，只有"现在应该解决什么""要采取什么行动来解决问题""要下什么决定以往前推进"，所以只需要可以当作判断材料的资讯，其他周边资讯有必要时再听就好。

比方说，在新产品的命名会议做报告时，"实在让人难以抉

择……""○○先生和 × × 先生的意见相互对立……"这些废话
能省则省，只要说明"○○和 × × 这两个方案比较有力"这样
的整体方向即可。举出有特色的数字做报告，比较能让人印象深
刻，如"七成的人赞成这项方案""根据最近一份问卷调查，百
分之八十的人知道这个品牌"。

　　然而，实际像这样解释提案或提供资讯的人并不多。在会议
这种正式场合上，绝大多数人只能空等，而分配到 15 分钟发言
时间的人，一定从周边小资讯开始，才慢慢接触核心部分。

　　如果要我来说，这 15 分钟的发言时间实在太长了。假如一开始就设定成"1 分钟"，大家都会马上切入主题吧？

　　我曾经接受许多公司的委托，要我帮忙执行专案，但是，有人光是说明公司概况和现状就花了 30 分钟；使用电脑的时候，甚至比用纸张说明更花时间。为了把时间真正花在工作上，说明时间应该压缩在 1 分钟内。

用一句话点出诉求

　　"1分钟提案"的重要前提，就是搞清楚诉求何在。"诉求"跟"旨趣""主旨""纲要"这些名词的意义有些许不同。如果一定要解释的话，诉求并不是许多资讯与创意的排列，而是组合这些元素，加以抽象化，再往上提升一个次元的概念。能够一开始就把诉求说得淋漓尽致，是现代社会中提案人的必备技巧。

　　诉求当然可以用一个简单清楚的关键字来表现，但是，目前这个方式越来越令人感觉平庸。一方面是因为大案子不好"一言以蔽之"，另一方面，过度压缩只会变成浮滥无特色的单字。

既然如此，用"一句话"来表示诉求就很有效了吧？比如用"○○就是○○""把○○加以○○"之类的形式来点出主题，或者用"○○就是○○吗"这样的疑问句。你的诉求，就在这一句话中。

这一句话需要两个重点：一是确实放入关键字；二是用仅有一句的主题或疑问，完全表达自己想说的本质。

此外，让看到或听到这句话的人动心，也很重要。单纯地摘取短文，看了也不会有感想，重点是加入有如鱼钩般的标语，能够勾起对方的知识和经验。这种元素可以撼动人心，"标语"的英文是 catch phrase，正有抓住人心的感觉。从勾起他人的观点来看，hook 也是不错的解释。有"钩子"的一句话，就可以勾住陌生人的心。

准备好勾起对方兴趣的"钩子"

能完全达到这些条件的一句话，并不好找。不少人都是灵机一动，抓到什么就拿来用。但是，找寻这一句话需要反复思考、浓缩整理，所以还是要先在纸上多写几个备案。

这个思考程序，最好跟另一个人一边商量一边进行，这个人并不一定要懂企划，甚至也不用是你的同事。只要在咖啡厅跟好朋友讨论就够了，自己先拿几个备案出来讨论，那么，即使是外行人也会对其中一个特别有感觉。

讨论、修改的程序，一定要公司内部人员才能进行，但是讨论出来的结果应该连外行人也可以做评价。我想企划书就是这样的东西。好的企划书不论给谁看，都会觉得"这个东西一定很方便""我会期待它的上市"。

更进一步说，如果别人看了这份企划书，觉得"我脑袋里已经有这个新产品的影像了"，那这就是一份成功的企划书。无论对象是专家还是外行人。因为握有最后决定权的上司，不一定很懂你的工作领域。有时候，上司只有外行人的认知程度，却必须判断专家的提案。

想要打造某种全新事业的时候，上司一定要对其中某部分产生兴趣，否则不会点头。因此，你一定要准备一个"钩子"。所以在制作企划书之前，最好考虑到外行人也要看的事实。

讲话也可用"括弧"

在写文章的时候，如果想到"这句话刚好可以当关键的标语"，就会用括弧或引号来区分、强调。

另一方面，对话的时候当然没有括弧可以用，但是我在对话中如果碰到这种关键句，就会特别去想"这里要用括弧括起来"。这就是对话中的"小注记"，出版社编辑常常跟我说："斋藤老师讲的话很容易找到小注记。"那是因为我会刻意在谈话中强调某些部分，就像在文章里用括弧一样。我平常在说话的时候，也常常是讲了一大串的事情，毫无章法，但是我会刻意对某些地方"做括弧"，所以在日常对话中也可以提出我的诉求。

或许读者会觉得这技术的难度颇高，事实上并非如此，任何人都能轻松学会这一招。为什么没有人肯做呢？因为现代人不太有机会写作。

我通过写书和写专栏，大大提升了括弧意识。每次想到什么好句子，就会习惯性加个括弧，或是改变字体。这样看来，或许我的训练方式确实异于常人。

不过，即使是不太写作的人，也可以培养括弧意识。我常在讲座中要求这个部分，会指导参与者"一定要在发言内容中加入值得注记的标语"。

投入莫大精力来创造诉求，也是一种重视他人时间的意识表现。花费自己的时间与精力创造出一句话的提案，就代表节省了其他人的时间。

附带一提，最擅长制作标语的莫过于广告人。毕竟广告人靠标语吃饭，擅长也是理所当然。比方说，知名的美术总监兼平面设计师寄藤文平先生，就写了一本书叫作《死的型录》，以型录的方式收录人类的死亡模式。我想大家应该跟我一样，光看书名，脑海中就有影像了吧。

解释提案时就指出最大的优点和缺点

接下来很重要的一点，就是清楚说明优点跟缺点。这里的缺点，也可以换成风险或成本。只要告诉对方你已经确实考虑过这些缺点，自然能缩短讨论时间。

我们之所以对他人的发言提反对意见，基本上是认为对方并没有充分考虑过缺点。所以先让对方知道"我有想到这些缺点与风险""有多少概率会发生这样的事情""最高成本大概是这样"，再说明"但是这样做就能降低风险跟成本"，对方自然比较容易接受。如果只是一味强调"零风险、零成本"，案子肯定不会通过。无论如何，重点就是要在 1 分钟的谈话中传达"我想得很周到"的信息。

但是，同时介绍优点和缺点并非最好的方法。如果以为条列一大堆优点和一点点缺点，案子就会通过，那就大错特错，因为问题不在于数量。

请想象一下邮购的商品型录。如果某项商品的优点列得又大又多，下面却用小小字体印着"效果随使用者不同""实物与相片不同""货物既出概不退换"之类，消费者马上就会失去信心。明确标示出消费者不可不知的缺点，是制作型录的最基本原则。

另外，邮购之类的消费者条约通常是文章字体颜色统一，大小相同，又没有框线，只有满满一大篇，那么乍看之下就不会感觉有什么危险。一旦出现消费纠纷，厂商通常会说"我已把风险写在条约里面"以规避责任，消费者则希望"应该更强调一点"。这样一来，消费纠纷只会扩大。虽然这是比较夸张的例子，但是缺点的说明还是要一开始就搞定比较妥当。

顺便提一下，挑选优点的方式也要注意。以前我偶然看到一张健身器材的广告单，上面的标语"可以融入装潢之中"让我大吃一惊。怎么可能有这种健身器材？一看到这句标语，就觉得其他条列的优点都是谎言了。

为了避免这种失误，要确实将优点分类。如果某项优点的分量占了该商品卖点的一半以上，那么单独强调该点即可。有了这样的加权分配，才能看清楚商品或创意的本体。

讲话的时候也一样，最大的优点，要和最大的缺点、风险放在一起说。只要再追加说明："这个最大缺点，只要如此这般处理就会消失。"这样的说明自然条理分明。

最可怕的事，就是批准一项不知道缺点的提案

　　明确提出缺点，就是确实掌握状况的证明。以企划案来说，最大的问题并不是企划案没过，而是通过了一份没有真实感的企划案。

　　现实社会中，花下许多时间、精力、成本来执行企划，最后却黯然挫败的例子犹如天上繁星。"早知道就不批准这项企划"这种话，只是事后诸葛。

　　公司之所以会出现经营问题，起因通常都是通过了不清不楚的企划案。要不是某人想到了无聊的点子，还没有掌握实际状况就勇往直前，结果让公司蒙受重大损失；就是风中残烛的公司被"死马当活马医"，结果找到不合格的大夫，因此一命呜呼。

单一职员根据个人期望所拟定的企划案，要特别注意。严格来说，策划这种企划案时，当事人就像把公司资金当玩具玩，他或许很满足，但是脱离现实的企划只有失败一种结果。

请记住，做企划就像做商品型录一样，绝对不可能"有好没坏"。

第4章

如何说得
既简洁又有感染力

要想说得既简洁又有感染力，"一寸光阴一寸金"的电视广告可以说是最好的教材。同时，找一个模仿对象，也是事半功倍的办法。

向相声大师借招

不消说，我们开口说话的情境真是千奇百怪。既然不同的运动都有不同的形式，说话方式当然也要随机应变。

比方说，如果我们分析一群老婆婆吃午餐时的闲聊，结果一定是缺乏内容又杂乱无章，不过只要老婆婆们可以聊得开心，也就好了。

反过来说，要在这种场合培养 1 分钟讲重点的能力，无异是缘木求鱼。虽然同样属于"说话"的领域，规则却完全不同。闲聊的规则，就是任何人都能从任何角度切入，享受混乱无序的快乐。在某些场合如商场，绝对不能忍受这种规则。

这个例子虽然有点极端，但是，如果你以为自己可以在眼前这个运动场上进行任何你喜欢的运动，也可能是无稽之谈。请特

别注意。

　　我之前有幸听了古今亭志生最后一位弟子——古今亭圆菊先生的相声，深深感受到分类的重要性。曾经背着晚年的志生先生走动的圆菊先生，如今也已经是 80 岁左右的老人了。

　　他的相声让我莫名感动，气氛营造得真是好，充满江户时代的情感。柔和的笑容，和缓的语气，说起话来不急不徐，让人在不经意的小地方发笑，明显的笑点却不多。虽然身为相声大师，态度却客气得可爱。我因为被圆菊先生的相声所感动，还特地买了他的 CD 回家研究一番。

或许是大师的影响吧，后来我的演说越来越容易听到听众的笑声，这才发现，之前自己真的是太急了点。

我在演讲中参考圆菊先生的说话方式，慢慢换气，放松心情，让自己有余力质疑自己的发言，而且还试着营造缺乏自信的感觉或冷场的气氛，这也相当受欢迎。

我以往的演说方式，总是猛烈攻击听众，想把对方压倒。现在我深深反省，这种方式只会造成听众困扰。

不过话说回来，"尽量在短时间中塞入最多资讯，然后强力表达"的谈话方式，跟相声的规则本来就完全不同。相声已经准备好了文句材料，只要经过一番练习，说故事并不困难，但是这并不表示，任何人都有能力当相声大师。如果无法传达故事的时代、情绪、习俗、气氛，故事就索然无味。反过来说，只要能营造气氛，稍微跳过一两个段落也不是问题。

说相声，不是听众发笑次数多就好，相声故事的世界有没有延伸出去才是重点。相声的艺术，就在于散播气氛。

这跟商业语言有根本上的差异，所以我们虽然可以参考相声的方式来营造气氛，但是谈生意的"运动规则"还是跟相声不同。

顺便提一下，电视主持人和讨论节目的名嘴，看起来风格类似，实际上却大不相同。主持人的任务是循序渐进推动节目，名嘴只要说出意见就好，所以事先排练的内容也不一样。

模仿：培养谈话能力的捷径

　　社会上有许多"想要更会讲话"的人。这些人最好进一步想想：我希望在什么状况下滔滔不绝？希望给对方什么印象？毕竟说话跟运动一样，选择不同的运动，规则和训练方式也不一样。

　　如果想说得像个相声家，那就彻底练习大师的相声吧。但如果是工作提案不顺遂，相声听再多也没有用。这就好像希望打好棒球却猛练游泳一样，虽然不是完全没用，但是确实有绕远路的感觉——因为棒球有棒球的训练法，游泳有游泳的训练法。

　　最快的训练方式，就是找个范本来模仿。找一个"我想跟他一样"的对象，挑取他的特点，自己实际演练，然后请亲友听听看；或是分析这个范本的训练方式，拿给自己用。这对运动来说理所当然，却很少有人这样练习说话技巧。一般人，总是想找不需要练习就能让口才变好的方法。

　　没错，人类说话是非常平凡普通的事，所以会觉得不需要像运动员那样努力练习。但如果你想让口才变好，就要摆脱这种想法，别把口才看得那么无所谓。首先，必须搞清楚自己想精通哪一种谈话活动。

以辩证手法让谈话立体化

另一方面，前面提过的《被遗忘的日本人》一书中，提到大家在一起讨论个不停的"日本式民主主义"也很值得学习。跟这种方法比起来，欧美的投票表决方式要简单得多，但是，让在场所有人都达成共识应该比较舒服。从这点来看，日本式民主有其优越性。

所以对话当然也不必像辩论一样争来争去，可以用验证的方式分享感觉，找出大家都能接受的结论。如果某人就算没有讨论对象也能操作"自我辩证法"，那他的逻辑一定很强。

例如哲学家梅洛·庞蒂（Merleau Ponty）的著作，就不是单方面陈述自己的意见，而是先说某个意见，再说相反意见，最后再提出超脱正反之上的逻辑。他的著作本身，就是一部两人对话。

　　柏拉图曾经把这种对话模式写成著作，伽利略也有《天文对话》这样的作品。采取这种对话形式，就可以从各种角度提出问题，也可以分别论述。知道乐观主义者会这样看、悲观主义者会那样想，问题自然清楚明白。

　　用在商场上，就是套用消费者的观点，甚至是竞争对手公司的观点，以辩证手法来改变自己看事情的观点。扬弃"正"与"反"，引导至"合"的境界。这么一来，谈话内容就会"立体化"。

　　若能创造一个足以扬弃旧观念的新诉求，对话就能发展到新阶段。立体化对话的诀窍，就在于创造这种"超越感"。

　　想采用这种形式，就必须对自己提出问题，也就是需要发问力。就我自己来说，每当我某件事情记不住的时候，大都会写下一些问题。问题的部分一定用绿色标成"〈——〉"的格式。读书的时候若是产生疑问，也会做上"〈？〉"的标记。

　　以我的经验来说，越好的书越容易加入"〈？〉"标记。下一次只读有标记的部分，整本书看来就像一连串的问题。这也就是说，话题可以用问题为主轴来架构。以自己的力量解决问题，过程中也更容易找到新创意。

　　对别人说话的时候，也可以使用这个方法。如果要说 20 分钟的话，一开始先准备三四个问题，再以回答问题的形式进行对话，也是种方法。不必死背接下来要说什么，只要记得这些问

以辩证法让话题立体化

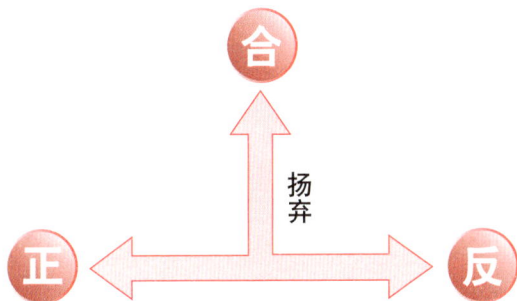

以商业观点来说，就是融入消费者与竞争对手公司的观点。

题、用联想的方式来讲，就不会差太多。

而且，这种方式比较客观，也比较容易打开话匣子——发问，会产生新的动感节奏。

更进一步来说，发问还能创造出"印象唤醒力"。如果能推测对方的意见，并融入话题之中，就更容易挑起对方的关注。当你表达出更高层次的观点时，对方也比较容易理解。这样的对话，就是有对应性的立体结构。

反过来说，如果没有发问，可能就沦为单纯的话题条列。结果话题不断重复，说起来无趣，对方也就不想继续聊下去了。

电视广告是最好的教材

要在短时间内传递讯息，最典型的例子就是电视广告了。好的电视广告，确实值得学习。

我最有兴趣的广告之一，就是大和建设的电视广告。广告内容是有个像研究人员的人正在看显微镜，发现细菌正大举入侵大和建设所盖的房子，于是研究人员便自言自语说："为什么要挑上大和建设呢？"这广告还有好几个不同版本，不过共同广告词都是："为什么要挑上大和建设呢？"我想，这句广告词就是广告主轴吧。

这句广告词，确实有唤醒观众意识的功能。既然要拍电视广告，就必须宣传产品或企业。话虽如此，如果整段广告一直重复商品名称，观众也会厌烦。要是只强调商品优点，效果也不佳，必须有企业的形象策略。从这些观点来看，"为什么？"既不会过于强硬，又不会模糊不清，会给观众一种耐人寻味的好奇，实在了得。

无论如何，电视广告总是一种需求千奇百怪的现代语言空间，而且还有在 15 秒（或 30 秒）之内表达完毕的时间限制。我们看到的，就是广告人呕心沥血，想在这小小时空里呈现的东西。

这样说来，以"表达的技术"来看电视广告，它就是最棒的范本了。"1 分钟"的时间可以放四个电视广告，可见 1 分钟能够传递多少信息了。

另外，烂电视广告也有分析的价值。电视上总会看到一些"不知道在说些什么""看了就一肚子火"的烂广告。这些广告刚好可以当成负面教材，让人注意"信息传递失败""没有重点""令人厌恶"之类的检查重点。

这种分析行为，也并非广告业界的专利，只是磨炼"表达技术"的训练行动之一罢了。许多日本人习惯于温和的语言空间，电视广告则是要在 15 秒内赌上一切。想习惯"时间就是金钱"的世界观，电视广告是最棒的材料。

"圆模式"让 1 分钟更紧密

电视广告的创意，在别的地方也很有用处。既然电视广告可以在 15 秒内传递重要信息，那我们说的话也不必一定要以 1 分钟为单位。如果手上有 1 分钟，甚至可以切成三等份或四等份来看待。

具体来说，一个圆形图的模式比较容易了解。假设整个圆是 1 分钟，分成三等份的话，一份就是 20 秒，四等份一份就是 15 秒，然后分别在每个时间区块中写下自己想说的话就好。

只要做到这一点，1 分钟就能变得更加紧密。毕竟 1 分钟相当于四个 15 秒电视广告，当然可以很紧密。

顺便一提，电视广告也可以用来探测一个人的分析能力与说明能力。比方说问对方"请举出你最喜欢的三支电视广告"，然后请对方说出那三支广告的重点在哪里，对方的答案将会透露出他的能力高低。

分析一支广告的组成手法，也是不错的训练。一支电视广告里大概有五到十个手法，我们可以逐一分析，套在剧本中，也可以更往上回溯，想象这支电视广告的创意会议是怎么进行的。

这就好像一流厨师去其他餐厅吃饭，吃一口就知道那道菜是怎么做的，但他不一定要完全重现那道菜，只是在思考新食谱的时候这道菜会带来一点灵感。

圆形图的模式

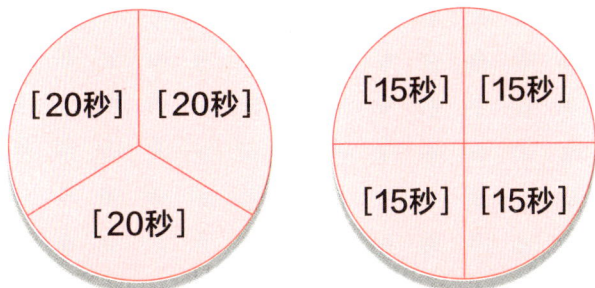

[20秒] [20秒] [20秒]

[15秒] [15秒] [15秒] [15秒]

如果我有1分钟，还可以进一步分割成三等份或四等份。

第 5 章
实践！
1 分钟活用范例

　　发问、商量、道歉、教导、指示、初次见面、责骂是最常见的说话情景。许多时候，这些谈话效果不好，是因为说太多了。如果这些情景在 1 分钟内完成，将会有意想不到的效果。

发问　一个问题就能探出实力

⏱ 把问题点记录下来

　　我有很多参加演说的机会，在最后回答听众问题的时候，总是会碰到某些问题一长串却不知道到底想问什么的人。我从讲台上，就能感受到其他听众对这种人感到多么困扰。

　　不过，光是有勇气举手发言其实就已经不错了。我之前在《提问力——3 分钟房获人心的沟通术》一书中就强调过"发问本身就是一股力量"，我觉得，日本人尤其忽略了这一点。

　　比如在提案或开会的场合里，如果有人先提出一套说法，然后问所有人"有没有什么问题或意见"，通常都不会有人举手。这代表大家全都接受了吗？却也不尽然，可能要到散会之后，大家才会交头接耳说"刚刚我都听不太懂呢""我有点不能认同"，实在是毫无建设性可言。

第一要务，就是抱持临场感和当事者意识。听音乐会的时候，不可能因为某段没听到，就要求演奏者再来一次。请抱持这个心态：听别人说话的时候只有一次机会，问问题也只有一次机会，不要轻易放弃。

那么，应该如何培养发问的能力呢？

最有效的，就是把问题做成笔记。只要在听别人说话时针对内容做笔记，就同时写上自己的感想与疑问；对方谈话的内容占三分之二，自己的感想差不多三分之一。这样应该相当简单，却很少有人真的去做，所以大家才很少发问。

反过来说，如果经常练习做笔记，发问力就会确实增加。即使是工作中的对话，也应该尽量做笔记、想问题，但很少有人会刻意锻炼这方面的能力，所以你若是养成习惯，它就会是强大的助力。

以我自己来说，一边听人说话一边做笔记的时候，会用"〈　〉"符号把重点和关键字标起来。至于有问题的地方，就像前面说的一样加上"〈——？　〉"标记。这样一来，只要看看笔记，自然就能够想起谈话的轮廓，也就清楚该问什么问题了。

除了演说外，开会的时候最好也不要以问题打断对方的发言。没重点的发问只会打乱发言者的步调；而且，有时候耐心听完其实就会获得答案。

根据重要程度排出发问顺序

　　我之所以会想到这个方法，是因为某次刚好有机会听外国人的英文演说。日本人听日文演说，很容易就能理解话题轮廓，但是英文必须一边听一边在脑袋里翻译，所以容易忘记重点。除非是个英文好手，否则丢三落四在所难免。

　　这么一来，可以想见演说结束之后的问答时间，一定是一片冷清。听众担心自己误解了演说内容，问出来的问题丢人现眼，自然会保持低调。

　　但是这么一来，千里迢迢来到日本演说的贵宾就太可怜了，说不定还会让对方以为"日本人是不是都不懂英文""是不是听不懂我说的话""是不是脑袋不好"。所以，我当下就一边抄笔记一边发问，代表演说会场内的日本人提出问题。

　　这里我对另外一个部分下了工夫：给问题决定优先顺序。如果问题点很多，就没办法在有限时间内问完，当然只能限定其中几个问题。

　　那么，限定标准在哪呢？第一要件，就是问题要具体。"○○对你来说意义何在？"这种模糊的问题毫无意义，改成"这部分可以解释成○○吗"会比较具体。比较高段的招数，则是尽量在问题中设定选项。就像"这部分的具体手段应该是 A 还是 B 呢？"这样对方比较容易回答，也会觉得你"确实在听我说话"。

　　第二个要件，就是提出对在场所有人都有帮助或是能够改变所有人思想与行动的问题。因此，请不要根据个人兴趣或嗜好发问。

　　很多私人话题，即使是一对一的情况下，听起来也会很痛苦，在工作场合或演说会场的私人话题更是毫无意义。不能思考对自己重不重要，要思考发问对其他人有没有好处。

　　而且不消说、稍微动脑就知道答案的事情也不必问。偶尔有人喜欢钻牛角尖，但是在问这些无聊问题之前，你应该都有思考的时间吧？

　　整合以上要素后，假设现在你想提出五个问题，最多只能提最重要的两个。只要根据以上要件所提的问题，至少就不会是蠢问题。附带一提，以我个人的经验来看，脑中想到的第一个问题通常都是蠢问题。

发问的基础是"10 秒钟"

一开始我就说过，很少人会在演说之后提问；同样地，对那些愿意在演讲会中举手的人，我们就应该无条件称赞他们的勇气、好学、好奇心。

不过，发问这回事大家应该还是不太习惯，或是不得要领。有一种状况需要特别注意：在发问之前自我介绍一大堆。或许这是因为发问者想让演说者认识自己，但是这种行为意义不大，而且演说现场是不特定多数人共享时间与空间的场所，所以反而负面效益比较大。

发问之前，也有人会重复演说者讲过的内容，除了一般演说之外，分组讨论的主持人也不时会有这种行为。或许这种前情提要是为了确认对方是否理解，但是在大多数情况下只是浪费时间。

这种时候，请把自我介绍缩到最短，发问内容也尽量简洁；介绍加问题，合起来务必控制在 10 秒钟之内。这样一来，加上对方回答的时间，一个问题只要 1 分钟就结束，甚至还可以掌握重点，1 分钟就问完三个问题。

这部分，可以参考 NHK（日本放送协会）不定时播放的节目 Actors Studio Interview。这个节目的内容，是以美国演艺专门学校"演员工坊"的学生为听众，访问活跃于第一线上的电影导演和演员。节目后段一定会让学生发问，而问题内容也一定简洁有力，例如"我希望当个演员，请问影响你最深的演员是谁？""我想要当导演，请问演员与导演意见不合的时候该如何处理？"10 秒左右的问题一个接一个，回答问题的人心情也相当愉快。看起来，他们确实知道发问的要领。

我从在大学开课以来，下课后也常常被学生用问题轰炸，前几天突然有个学生来问我："请告诉我怎么写出好短文。"让我吓了一跳。我简单地回答他，先这样搜集材料，再那样组合就好。结果他又抛出第二个问题："请问老师最喜欢哪个散文作家？"我的答案是："○○和○○吧。"于是他说"我会找来看"，然后就走了。我记得，整个过程花了不到 1 分钟。

或许在上课时，这个学生就一直在想问题了吧？包括在短时间内要问哪些问题，自己的重点是什么，甚至发问的顺序都想过了，所以才能完成这么简洁有力的沟通。

相反地，国会的质询就是最糟糕的发问范例。通常在漫长的质询时间中，有一半以上都用来挑对方的语病。结果到底说了什么、想问什么，反而没有人知道。这是排名第一的负面教材。

事先写好发问条目

开会之前，通常都会发给每个人一份议题，或者是内容摘要的文件。这种方法，可以加快会议中获得共识的速度。

既然如此，应该也可以条列发问题目，事先分送给与会者。只要搞清楚所有人要讨论的问题，就可以省下多余的说明时间。虽然目前没听过什么实际采用的案例，但是有参考价值。

像这样列出问题，还有另一个大优点，也就是"看得到终点"。把每一个问题当成公车站牌来看，就比较好懂了——如果搭上一班不知道有几站、也不知道终点在哪里的公车，想必是非常令人不安的。

但是只要一开始就知道"这班公车有五站"，就算绕点远路，心情会比较平稳，也可能突然找到捷径。所以，问题清单就像是公车路线图一样。

我之所以坚持这个做法，是因为我接受过无数媒体的采访。我总是想在有限时间内尽量回答最多问题，但是当我拼命回答一堆问题、心想总算有结论的时候，如果对方又抛出新的问题，我就会浑身无力，开始烦恼到底何时才会结束。

或是结束之后松了一口气，对方却又发来电子邮件，想要多问几个问题。这当然会让我担心问题内容，或是担心之前我是否不够拼命。

为了避免这种情况，我偶尔会在接受采访之前要求一份问题清单。只要有问题清单，我就能以自己的判断来改变回答顺序，或是把好几个问题整合成一个，也可以加入衍生资讯，既有效率，又省时间。如果只有"我想听听您对○○的意见"这种粗略主题，就没办法深入处理了。

不仅是开会和采访，想要对别人发问的时候，事先列出问题清单给对方也总是比较有效的。

发问会产生创意

　　发问的对象，通常是技术、知识或能力比自己更高的人，而这些人通常也比较忙，所以我们必须不断考虑如何在有限时间内问出最好的问题。 最终目标，则是让对方觉得 "跟这个人讲话感觉不错"。

　　从另一个角度来看，发问也可以用来展现自己的理解程度。如果对方认为 "这个人既然已经懂这么多，那我就说些更上乘的话题吧"，那就能更进一步了。

　　事实上，目前企业用人的面试也开始考验求职者的发问力。我有个学生进了某家大公司，在面试的时候，面试官就说："请问我们一些问题。" 以往我的学生只会回答问题，这样的题目，可真是难倒他了。

这种时候，自然就能看出学生的实力。如果提不出漂亮的问题，就会给人学习不足或认知不足的坏印象。基本上，碰上这种状况时要了解该业界的基础知识，搭配最近的产业报纸、时事新闻来发问，这样才能表现自己了解社会局势变动和业界危机。如果还能加上自己的意见就更好，因为**重点并不是意见的对错，而是你有没有自己的见解。**

想问题的训练不仅可以用在面试上，还可以用来产生创意。心中有疑惑、不安、不满的时候，才会为了填补这些情绪，而尝试创造新的东西；如果某件商品用起来很不顺手，就可以思考"如果是我就会这样修改""为什么不做成那样"。我把这种现象称为"不愉快的刺激"。

放任资讯从眼前溜走的人，跟刻意想要创造些什么的人有天大的差别。发问力，就是展现这种差别的指标。

用1分钟发问！

① 听人说话的时候要做笔记，并写下问题。

② 给问题排定优先顺序，缩小范围。如果想了五个问题，至少最优先的两个不会是蠢问题。

③ 一个问题限制在10秒内。自我介绍、前情提要之类必须尽量简洁。

④ 实际发问之前，告诉对方你要问几个问题。

商量　切忌话题原地绕圈子

商量让彼此更亲密

我担任商业讲座的讲师时，经常会加入一个环节：增加"商量力"的相互训练。训练的目的，不在有人找你商量的时候你可以提出好建议，而是为了提升你找人商量的技巧。

基本规则很简单。两个陌生同学一组，然后直接找对方商量，不谈深入的家庭问题，只谈如何命令下属、如何挽救低迷业绩等职场烦恼，而且要在 1 分钟内说清楚——如果商量内容的说明时间太长，对方会很辛苦。

接着就是两个人反复提问与回答，寻找解决方案。如果沟通顺利，两者就会变成好朋友。

所以我会要求参加者事先准备"找人商量的项目"。商量项目不能简单到一句话就搞定，必须是足以进行深入交谈的项目，就算最后没有找到解决方案，也要提出几个有建设性的意见。

比方说，如果商量"工作速度慢，经常加班"，应该可以提出改善工作步骤、管理行程等各式各样的方案。这种商量项目与人品关系不大，所以很容易就能谈下去。

从日常生活来看，就知道这种训练的效用。我们经常看到，男女之间因为商量而让关系更加亲密；至于上司与下属的关系，也会因为商量而更加圆融。下属找上司商量，自然会提升上司的地位。所以，我才要训练大家提升"商量力"。

而且就我所知，职位高到某种程度之后，沟通能力也都会有一定水准。至少下属找他商量事情的时候，他会想以某种形式帮点忙。

我想，商量这档事的重点并不在于内容与结论，而在于交谈过程所带来的心灵联系。

不像把资料输入电脑，然后导出合理的计算结果，人生在世，总有些时候明知不可行，还是想找人商量。只要找到一个心灵相通的商量对象，整理情绪，就比任何合理的判断都有用。

简要绘出谈话结构图，
用一张纸厘清谜团

让我更具体地说明这个训练方式吧。

首先，两人的位置不是面对面坐着，而是分别坐在桌边呈90°角的斜对方；然后在桌上放一张纸，就像纸张跟两个人构成等腰直角三角形一样。

找人商量的那个人，一边讲话一边把内容写在纸上；听人商量的人，也把答案和建议写在同一张纸上。这就是我在《无压力对话术》一书中所提到的"构图式沟通"，这种方法跟光用言语说明不同，话题不会原地绕圈子，也很容易找出谈话架构。

你也可以把谈话内容做成图，双方就能分享印象。刚开始或许会有点困惑，但是习惯之后一定很方便。

比方说，我曾经在大学开过一班只收五个学生的课。先征询学生兴趣，再决定上课主题，结果学生们基本上都处于迷雾之中，不知道该讨论什么。

于是，画图这个动作就派上用场了。我先倾听他们的疑问，然后大致凝聚出一个核心问题的印象，再用三色原子笔写在纸上，同学们都同意之后，我再写出三个最大的次要问题。

也可以加写一些有趣的资料或是发言（附带一提，这部分的原则是重要事项用"蓝色"，非常重要的事项用"红色"，有趣的点用"绿色"书写）。上完课之后，在图上记录日期和出席者姓

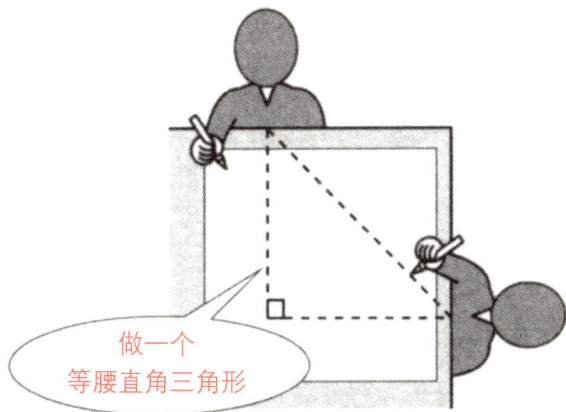

商量时的座位配置

做一个
等腰直角三角形

找人商量和接受商量的人，都要把谈话内容写在纸上。

名，送给学生当礼物。

这一连串的作业，与其说是制作地图，不如说是修饰内容大纲和结构图。**有了结构图，就可以一扫迷雾、掌握课题，也不会原地打转、重复同样的内容。**这样一来，不但上课节奏加快，效率高，也不会浪费时间。如果只是一般讨论，效率就不会这么高了。

而且，有了这张图，一眼就能看出当天的谈话细节。**人说过的话很容易忘记，但是有图为证就不会忘**；这算是笔记的延伸，对当事人来说一定会是很重要的一张图。

如果养成这种一边对谈、一边画出结构图的能力，在许多情况下都能大有帮助。每个人都会有些迷惘的问题，如果在迷惘中摸索，只会更加迷惘。比方说要写论文，很多人调查了一大堆资料，手边材料堆积如山，却一行也写不出来。用心没有得到相应的成果，就是因为**结构化的能力**不足。

所以，只要学会以构图来建立架构，就可以节省在场所有人的时间，也能减轻自己的压力。如果大家能一边讨论令自己迷惘的话题，一边写好一份企划书，肯定是相当方便。

问题却是，很少有人具有这种技能。重点并不是写出一大串关键字，而是当场写成文章、分出章节。

我建议读者可以从错误中学习，掌握这项技能。

用"心灵速写"界定问题

这种方式还有一大优点，就是让双方保持适当距离。如果两人面对面，眼神正对着商量，就很容易流于情绪化。这么一来，在心灵交流之前，找人商量的那个人就会先依赖对方，而接受商量的人也会变得客套。

为了避免这种情况，加入一张纸当缓冲，双方就能冷静面对。所有问题都会投影在纸张上，所以双方不会被多余的情感所影响，而且能够冷静地审视问题轮廓，大多数问题都能当场解决。

这种写在纸上，尤其是在纸上作图的技巧，非常有利用价值。这个方法，基本上就是从弗洛伊德寻找情节或创伤（trauma，幼年时期的心灵伤害）的方法大幅简化而来。我记得，我曾经用这个方法当过类似"心理咨询师"的角色，把许多人的烦恼与困惑做成图。

或许，这就像在画一张"心灵速写"。把心灵的模样画在纸上，就能看出本人没发现的问题，其实不需要什么特别技巧，只要把说过的话写在纸上，一定能导出这样的结果。

容我说个闲话，最近日本警察在找嫌疑犯的时候，特别重视嫌疑犯的特征速写，据说就算目击者的记忆不清楚，画出来的速写也比模糊的照片更能掌握嫌疑犯的特征。

上司也可以找下属商量

关于"商量"这件事，还有另外一个非谈不可的部分——创造上司找下属商量的情境。一般提到商量，都是下属找上司、学生找老师、下位找上位的情况，但是商量并非只有下对上才能进行。

如果上司找下属商量，下属的斗志不但会特别高昂，甚至会因此产生特别好的创意，因为下属心中会觉得"上司相信我""我要回报上司的赏识"。如果想追求成效，最好暂时舍弃上司的尊严。

用足球来比喻的话，就是找空档。假设上司是后卫，下属是前锋好了。那么，上司就不一定要自己冲锋陷阵，而可以推测下属的跑法，找出空档，以绝佳路径传球——意思就是"你要负责处理这颗球"。

　　具体的商量内容，当然是公事重于私事，例如"这项产品一直卖得不好，有没有什么招数让它热销""要怎么弥补延迟的行程"，上司最好看清楚每个下属的专长和任务，分别商量合适的问题。

　　前面说过，商量是可以让沟通更圆融的工具。商量时的第一目的，就是先缩短自己与下属的距离，分享问题，这样下属会更有干劲，上司也会更受下属爱戴。如果能找出解决方案，自是再好不过了。

　　因此，平时就必须多准备几次商量行程，先养成"构图式沟通"的习惯，把构图之后产生的问题记录在笔记本上，便能轻松完成"商量清单"。

用1分钟商量！

① 使用方桌的桌角，让两个人的座位呈90°。在桌上放一张纸，让纸张与两个人构成等腰直角三角形，然后在1分钟内找出烦恼重点。

② 把彼此的说话内容写在纸上，话题就不会原地打转，也容易建立架构。

③ 最后在完成的图表上写上日期和双方姓名，当作礼物。

道歉 工作犯错，就用加倍努力工作来补偿

⏱ 不恰当的道歉反而让对方更恼火

日本脱口秀与电视新闻的第一百零一招，就是艺人与企业领袖的"道歉记者会"，但是每次看到这种记者会时，总会觉得"这些人完全没有道歉的诚意"。不是以"不知者无罪"的心态自保，就是万般无奈地说"别无他法"，甚至还会把责任推给下属或公司。

所谓的道歉，前提就是要让对方接受"罪恶已经付诸流水"，而且还必须彻底搞清楚事实因果。

以前大家可能会接受"十个过错里面只要承认三个就好"这样的态度，但是现在这个时代，要隐藏过错可是难如登天。网络普及之下，消费者之间的联络与公司内部告发都更加简单。如今不只是单一消费者，就连消费团体甚至是公司职员，也都以严厉的标准看待企业。

如果在道歉完之后又出现新的事证，企业形象就更糟糕，企业当然只能公布隐藏的事实，成为被抨击的对象。企业本身引发问题当然不好，但是之后的处理方式——也就是道歉方式——一旦出问题，情况只会更加恶化。

道歉问题并非仅限于企业与艺人，道歉方式在我们的日常生活中也非常重要。比方说，我的学生到他们的母校担任实习老师时，就经常在学校里出错。毕竟他们之前都还只是学生，又到了陌生环境，从错误中学习是必经的过程。

但是问题在于，他们会跟赴任学校的指导教官或校长交恶。我经过一番打听之后，才发现出错的事情本身并不严重，严重的是出错之后的应对方式。

说穿了，就是学生们不知道怎么道歉，通常会先说"排课时间太长了""事情太多，准备时间不够""没有人教我这样做"之类的借口。这样说，只会把事情弄得更糟。

"先对老师们道歉，然后说明为什么你会犯错。一开始的 1分钟就把这件事情搞定，这样一来，状况就不会比现在更糟。"

每当学生来找我商量，我就会这样告诉他们。这就像救火一样，犯错引发火苗总是在所难免，但是若能以第一时间的判断来扑灭"星星之火"，就不至于引发"燎原大火"。

顺便提一下，师生关系或亲朋好友之间要道歉的时候，最好夸张一点，做出诚意来。

"状况解释"先放一边

　　道歉的时候，表情也是个重要因素。不管头压得多低，只要咧嘴偷笑或是一脸不甘心的样子，就毫无道歉的诚意，当然只会火上浇油。

　　话虽如此，也不能完全依赖表情。有一种常见的失败情况，就是在道歉之前先解释状况。就算脸上写着"道歉"两个字，也还是要说出口，才能表达给对方知道；如果没有化为言语传递，表情看起来就很虚伪了。

　　重点就是强调"明确道歉"的态度。如果你想在解释完状况之后才说"非常抱歉"，通常都会忘记；而且要是道歉的情绪非常强烈，搞不好还会以为自己说过了。所以，这个顺序非常重要：一开始就先道歉，接下来才说明情况。

　　只要站在被道歉者的立场来看，就能体会我说的话。明明自己现在心里想听的是一句简单的道歉，对方却一直在说明状况；在听清楚内容之前，火气就已经上来了。反之，如果对方一开始就道歉，之后听他说明也会比较冷静。

　　人类就是这样，只要对方低头谢罪，火气自然消减。如果道歉了还不消火，甚至趁势责备的话，大概就是有别的企图，或是心中抱持恶意吧。

　　不过，以上这些内容的前提都是要当面道歉。如果用电子邮件道歉，想法必须相反。要是邮件开头就道歉，对方一定会担心："到底发生了什么大事？"

　　为了避免这种心理上的负担，用电子邮件道歉还是先说明理由比较好。例如"因为这样的理由，发生了这样的事情；接下来会这样处理，请多加配合，非常抱歉。"

辩解与借口少说为妙

下一个问题，就是该怎么说明状况。

说明状况的前提是什么？比方说店家要对顾客道歉的时候，绝对不能由店家先开口说明情况。借口更是大忌。店家必须先彻底听取顾客的说辞，等顾客说完了，才可以询问细节、解释说明。

因为对方想知道的只有一件事情：哪里出了怎样的问题。只说明这点，并不需要太多时间。

但是很多人无法简单明了地说明状况。平时我所接触的学生，也常常拼命讲话却不得要领。虽然说了一大串，却不清楚到底要说什么。假设我问学生被留级的理由，也只会听到一连串"因为打工。""因为社团活动""因为朋友""因为家人""因为功课本身"之类的旁枝末节。

这是因为犯错的人以自己的情绪为优先，一开始就用自己的步调说故事的缘故。说的人觉得符合时间顺序，听的人却觉得是在舍本逐末——简单说，根本就是模糊焦点。

而且更糟糕的状况，就是在说明状况的时候表现出一种"找借口"的企图。例如，我的说明内容是"因为你这样讲，我才会搞错"，对方会怎么想？好不容易回光返照，又被送上西天了。

碰到这种情况时，不管事实如何，都别说"因为你……，我才会……"，只要说明最小的火苗，也就是出错的分歧点即可。"因为我搞错了""因为我误会了"等，这样就够了。

沟通上的错误，每天都在发生。只针对自己误会的部分道歉，对方自然会发现"我自己的口气也有问题"。道歉时不需要特地指责对方的错误，搞坏双方心情；稍微改变一下说法，对方的回应就会天差地别。

有时也不可过度道歉

不过，在商务交涉时或涉及利益关系的情况下，就要特别注意了。

在这两种情况下，如果只有自己道歉，代表自己要承担所有损失，因为这会牵涉到赔偿与偿还的问题，也可能会因为过度的道歉而使对方要求过度的赔偿。

如果全都是自己的错，当然没话说；但要是对方也有错的话，就需要一点巧妙的应对了。

比方说两个小孩吵架，以前的日本人会先道歉说："不好意思，我家小孩不乖。"接着对方也会说："没有啦，我家的才不听话。"然后互让一步，圆满收场。

但是现在的社会充满了过多的敌对意识，有时候就连小孩吵架都要闹上法庭。如果先道歉，对方可能就会趁势说"果然你就是坏人"，然后穷追猛打，风险就变大了。

2000 年，在悉尼奥运会的柔道比赛中，因为被明显误判而落败的篠原信一选手，毫不抱怨地只说了一句感言："只是因为我太弱了。"让全日本深受感动。但是这只是日本人民的感想，在其他国家的人眼中看来，就等于"篠原认输了"，这种露骨的浮躁心态，如今也已经蔓延到现在的日本人心中，开头 1 分钟是否要道歉，逐渐取决于自己与对方的关系。

常见的情况之一，是双方互有过错。在这种状况下，双方的过错通常是你半斤我八两，但对方如果是客户，当然不能说"有一半是你的错"。这样说，只是煽风点火罢了。

这时候只能主动认为"是我方的错"，然后详细说明起火点。努力以公平的眼光找出分歧所在，发现"就是看漏了这部分才会出问题"。重点是在说明过程中设法让对方冷静，让对方了解"我自己也有错"。

⏱ 用小礼物作为"道歉的证明"

道歉，说明起火点，接着就是"小礼物"了。"一点小意思，还请笑纳"，边说边递上一份小礼物。

前面已经说过，刚接触教育现场的实习老师经常会犯错，次数甚至多到大学要特地帮他们准备一笔"点心预算"。

这种时候要送礼，通常都会送"点心礼盒"。这种事情好像有点漫画情节，但是"点心礼盒"其实非常重要。

首先，这盒点心是"道歉的证明"，所以对道歉的人来说，证据越快消失越好。如果送的是装饰品，对方每次看到就会想起自己的错误，不太恰当。

而且，甜甜的点心可以缓和对方心情，例如约会吃着小蛋糕的时候，就不容易吵架。就算先前争论着什么事情，只要蛋糕一

送上来，一句"好甜好好吃喔"就摆平了。

　　道歉也是一样。如果带来的点心合对方口味，话题甚至会转到点心上面，而且之后的印象也不会差。"虽然他犯了错，但是点心挺好吃的，算了吧。"罪过可能就这样付诸流水。

　　点心的价位不用太高。当然犯错有大小之分，但是送太名贵的点心反而会让对方困扰，或是不合对方口味。日本人送道歉点心时，价位通常在两千日圆左右。

　　真正的重点，是如何从许多点心礼盒中挑选适当的一款。通常女性比男性更了解这种事情，所以男性要去道歉之前，最好先找身边的女性朋友商量一下。

另外，在某些没有办法送点心礼盒的情况下，"图书礼券"也是个不错的选择。总之，道歉伴手礼的不二法门，就是"证据"能尽早消失。

向上司道歉，最好用行动证明

　　如果道歉的对象是上司，通常只要诚恳低头赔罪就没事了。不过，想要在消除坏印象之外更留下好印象，就需要多下点工夫——工作上的错，就用加倍努力工作来弥补。

　　比方说自己犯错而搞丢客户，那么，只要能签回加倍的合约，自然不会有人在意。可惜现实是残酷的，合约没那么好签。既然如此，何不接下别人不想做的杂工呢？日本有句俗话说"从打杂重新来过"，你就是那个自愿去拿抹布的人。

　　现代公司里的杂务，大概就是收发电子邮件、打扫办公室、倒垃圾之类。你可以借着执行这些杂务，表现出"我正在深深地反省，所以要从基础重新出发"的态度，这也是冷静思考的好机会，而且在不影响原本业务的程度下，对上司和公司也不会有损失。

当然，也要努力防止重蹈覆辙。我曾经听一位女性编辑朋友说过一个小故事。某天，总编辑要介绍她一位作者，但是当天上一个洽谈对象拖太久，超过了约定的时间。赶回出版社之后，被准时抵达的总编骂了个狗血淋头。

这时的她，却展现了自己的过人之处。隔天一大早，她就跑去跟总编低头认错，并具体提出不会重蹈覆辙的方案。她说方案包括了"有约大人物的时候，要准备两小时的缓冲时间""如果车程要 30 分钟，就一小时前出门""跟对方说自己还有其他的约定"等。

总编对她的快速应对感到惊讶。对总编来说，她应该是做了超出责骂之上的弥补动作吧。

这，也可以说是公司内部从属关系的一种伴手礼。

顺便提一下，如果双方关系不错，就不需要在被骂的过程中马上道歉。让对方把"责骂"这件事情做完反而比较好。准备好解决方案之后再道歉，比当场道歉更有效。

在桌上摆一张"防止重蹈覆辙卡"

一旦犯了错，当然要自己找原因，想办法避免重蹈覆辙。不过光是在脑袋里想办法，效果不大。除了要对上司说明内容之外，我还推荐写一张包含三个重点左右的"防止重蹈覆辙卡"，放在比如办公桌上等醒目的地方。如果在重要句子或关键字上面用红笔做记号，更会让自己印象深刻。

昭和年代的日本教育家代表人物斋藤喜博先生说过，一个人犯的错会表现出他的特色。所以会在他的课堂上用"某人式错误"的说法，不让其他学生犯相同的错误。即使是教小学生数学，每个学生算错的原因也都不一样，如有人不会两位数乘法，有人连加法都算不好。

反过来说，只要知道自己犯错的模式，就能知道如何预防。

找出犯错的关键，问题自然迎刃而解。成年人也是一样，只要知道自己什么地方不行就好，所以"防止重蹈覆辙卡"十分有效。

而且，这张卡还有向上司或同事展示的功能。再怎么严厉的上司，看过后应该也不会继续骂人了。

不过，卡片上可不能写"我要诚实"或是"重视客户"之类的抽象句子。因为重要的不是态度，而是具体的行动方针，例如"发电子邮件之前要全部检查一遍""移动存储设备不拿到公司之外"等。

制作这样一张卡片，也是为了整理重点，搞清楚问题何在。整理出重点之后，也可以用来向对方（上司、顾客等）道歉。

防止重蹈覆辙卡范例

绝对不迟到!

- 记事本和手机 都要 记录行程
- 重要工作之前不安排其他小工作
- 提早5分钟行动

弯腰低头、说明起火点，再补充以后如何应对，总共花不到1 分钟吧？又臭又长的道歉或说明，反而会让对方觉得烦。我们常常听说**有人去道歉却不被接受，或许原因之一就是说太多了**。能否在短时间内结束对话是一个分歧点，它决定你与对方的关系到此结束，或是更加恶化、继续发展、从头开始等。

防止重蹈覆辙卡做得越多，就越能防止犯不相同的错误，也就是犯错会让自己成长。建立不让自己出错的黄金行动准则，将会是人生的珍贵财产。

但是，社会上总有些人一旦开始找缺点就没完没了。比方说刚进公司的职员，一定会把工作上的常见注意事项忘个精光。

这种问题，也不是没有办法应付。某家公司就会在每天朝会的时间，让所有职员朗诵基本注意事项，结果错误发生率大幅减少。一天花不到 1 分钟的时间，就可以防患未然，减少时间与精力的严重损失，不用一下这招就太可惜了。

用1分钟道歉!

① "非常抱歉"之类的道歉句。

- 不过仅限于面对面道歉的情况。若使用电子邮件,要先说明状况。

② 说明起火点,只针对出错的分歧点说明因果。

③ 道歉的证明。

- 送上点心礼盒,提出道歉的物品或服务行为。
- 在公司里可以主动打杂。

之后制作"防止重蹈覆辙卡",努力避免重蹈覆辙,展现自己的态度。

教导 **最忌讳空泛的长篇大论**

让对方自己发现问题

一般来说，喜欢开导别人的人往往忍不住来个长篇大论。长篇大论可以展现出这个人的热情与爱，但是老实说意义不大，因为，被开导的人总是会想"麻烦讲重点好吗？"

那么重点到底是什么？在教导别人的时候，通常会说明"为什么你做不到"，或是从精神面切入说"有志者事竟成"。但是在这之前，我认为重点是具体告诉对方一个"这样做就好"的法则。

比方说你手下有个工作速度很慢的人，报告慢，联络慢，电脑建档也慢，对其他同事造成困扰。如果对这种人说"你的迟钝造成大家困扰""你的态度不正确"，那根本连"教导"都算不上。

关键其实很简单，就是**给对方一个简单又具体的建议**，让他实际做一次就好。当他做出了结果，再根据这个结果提出下一个建议。循序渐进的方法最有效率。

不过，这个方法的前提是对方要认清现实。因为被教训的人，其实大多没发现自己哪里做不好。

如果是要训练运动员，教练可以把选手运动的过程拍成影片，效果最好。本人看了影片之后一定会大吃一惊，原来自己有这种奇怪的动作——不擅长运动的人心中所想象的姿态，与自己实际的姿态都有很大的出入；也可以说，他们没有回馈资讯的回路。反过来说，自己想象的姿态与实际影像越接近，这个人就越厉害。

这招不仅可以用在运动上，也可以用在讲话方式、工作动态上。要指导讲话笨拙的人，可以把他说的话录下来让他听，虽然有点粗暴却很有效。

把教导浓缩成一句好懂又好记的句子

身为教导者，当然必须准备一份让学习者精进的法则，就好像运动员的"训练项目"。而且，这法则必须尽量具体才行。

例如，团队默契错误百出的队伍教练，只是告诉队员"给我把默契搞好，多用点心啊！"状况一定毫无改善。教练必须准备一些训练项目，让队员用身体记忆团队默契。

身为教导者的重点，就是透过行为训练来传递训练意图。对一个不懂的人拼命解说你想教的内容，不过是纸上谈兵。不动手做就不会了解——就算了解了，大概也做不到吧。

换言之，训练项目中必须有能够传递潜在知识的要素。这就是"教导"的本质。能否想出这样的训练项目，考验着教导者的能力。

教导的时候，准备一份简短的建议最有效。以足球来说，比如"想清楚再跑""给我排成三角形""要跟队友用眼神沟通"之类，虽然都很基本又简单，却很容易在比赛中忽略，所以教练要不断呐喊提醒，让队员想起来。想出好记又好懂的句子，也是教导者的工作。

对每个人说明"终点"

另外一个重点，就是要搞清楚"终点"在哪里。例如，日产汽车的卡洛斯·高恩所提出的"承诺"就相当有名。他先提具体的数字目标，并承诺只要没有达到目标，所有董事就要辞职。后来，日产汽车便达成了知名的"V形反转"。

高恩本人做了以下说明：

> 人们看到了日产汽车经营团队"破釜沉舟的决心"。人们为我们无可动摇的坚定意志而感动。民众心中烙印着我的话，口中细语着："真是沉重的承诺。既然已经说出口，要是计划半途而废、推动速度迟缓、目标只达成八成，就不能说自己没有责任。如果无法

遵守诺言，他们就只能辞职了。"既然如此，我们也没有讨论的空间，只能实现自己承诺过的一切。

——《一个成本杀手的管理自白：雷诺、日产双 CEO 卡洛斯·戈恩》（法）卡洛斯·戈恩（Carlos Ghosn），（法）飞利浦·耶斯（Philippe Ries）合著。

除了对整个团队传递终点信息之外，对个别的队员或下属说明美好的远景也很有效。例如，提出成功实例，或是播放运动高手的录影带等。

提出远景，让对方明白"如果以这个远景为理想，我现在是哪个等级""想要达到这个远景，我必须接受这样的训练"，这样一来，会议就能够精简又务实，也一定是通往专精的捷径。

假设有个人写字很难看，就算对这个人说"多练习写字"，效果也不会太大，还不如让他跟写字好看的人作比较。日本通讯教学很流行学"钢笔字"，上课的人看了示范者的漂亮字体，自然会发现自己写字有多难看。

最好能够给每个人一张写着终点与课题的卡片，也就是"课题解决卡"。看起来或许有点过度呵护，不过，既然好上司的条件就是让下属动起来，这就不是花招，而是工作的一部分。

用1分钟教导！

① 让对方认清现状。

- 确认对方缺少什么，不擅长什么。

② 提出让对方精进的法则，也就是"训练项目"。

- 准备"想清楚再跑"这种简短精辟的建议。

③ 明确提出"终点"。

- 提出成功案例，告诉对方成功之后有什么好处。

最后再交付一张"课题解决卡"，期望对方达成目标。

指示 考验领导者的能力

指示要够具体

日本忍者的头目，有一个指令叫作"散"。下面的忍者听完头目发布指令之后，听到一声"散"，就会分别回到自己的工作岗位上。

如果头目的指示很模糊，下属就没办法快速散开，好不容易提起干劲，却不知道自己该做什么，只好在原地手足无措。

如果服部半藏没有清楚指示的能力，想必不会成为名留千古的忍者。忍者头目本身并不要求非常高超的忍术，反而要求高超的指示能力。

目前的社会组织也一样。如果公司干部的指示不明确，下属就无法采取行动。指示的重点就是说明具体行动。

比方说上司命令下属："给我想想为什么营业额会滑落！"那

么下属只会想些空泛的一般论点。或是上司一个人滔滔不绝，连个指示也没有，不仅浪费时间，下属最后也不知道该做什么。

其实只要用 1 分钟说出："请各位想想业绩滑落的根本原因、应变对策，明天之前做成一张 A4 纸的报告。"这样就行了。

我在进行讲课和讲座的过程中，经常会思考"要怎么发布下一个指示"，仔细观察现况之后，可能会跳过其中一个步骤，或是再次执行同一个步骤。领导全场的人，必须有这种随机应变的能力，如果领导全场的人没有这种能力，大家缺乏紧张感，情绪就会松散。

这也可以用运动来比喻。教练或队长如果没有看情况提出指示，选手们就不明白战术，接着就是失去斗志，被人当沙包打，遭致惨不忍睹的下场。

但是即使上半场失去主导权，只要中场休息时重整旗鼓，下半场还是可以摇身一变，成为一群猛将。能这样，就是因为教练或队长的指示正确。如果能观看整个大局，并且观察对方选手，对自己选手个别下达具体指示，所有队员就能共享同一张蓝图。

"步骤表"该像食谱那样简单易懂

我曾经写过一本书，名为《步骤力》（巩摩文库）。"步骤"并不是想法，而是跟煮菜一样，列出"下一步要做什么"的工序表。我把这张表称为"步骤表"，只要把步骤表做到"每一个工程虽然都要下工夫，却不用动脑筋"这个程度，任何人都能轻松上手。

写一张好的步骤表，是上位者的重要使命。好的步骤表不但可以掌握工作轮廓、缩短指示时间，甚至可以说，有这种能力才有当领导者的资格。

这就好像是一种指导手册，不过不需要写得太详细，省略所有旁枝末节，只要列出基本的骨架即可。

从这点来看，应该比较接近烹饪食谱；食谱不用详细记录怎么炒，但是任何人照着做都能完成一道菜。做到这种地步就可以。

而接受指示的人，就要负责在骨架上制造血肉。既然有步骤表当前提，自然比较容易掌握自己该做什么，以及别人会怎么做，还有整体的程序。

要怎么培养步骤力呢？你只能在不同场合多多练习。我认为烹饪节目就是很棒的练习材料，你可以一边抄写烹饪方法，一边整理步骤。但不用去记详细的分量，只要写下大概顺序即可。

⏱ 交接少不了"步骤表"

　　还有一种情况可以让步骤表一展长才——人事变动时的交接。交接是非常重要的事情，却往往被忽略，有些公司甚至只花个半小时就草草了事。

　　如果这么随便敷衍，前人好不容易建立起来的经验法则与人脉就要失传；最坏的情况，还可能因此失去前人努力建立的客户。

　　例如美容院，很多顾客并不看店家，而是奔着美容师去的，他们不但技术没话说，而且专属美容师还知道顾客的肤质与兴趣，当然比较安心。反过来说，每个美容师可都是独占了一些顾客的资讯呢。

　　所以，当美容师跳槽到别的美容院时，顾客往往也会跟着跳

步骤表的格式

※**分成红Ⓐ、蓝Ⓑ、绿Ⓒ三色更有效。**

Ⓐ 马上该做的事情

1.
↓
2.
↓
3.

Ⓑ 平常要做的事情

①

②

③

Ⓒ 做了会加分的事情

①

②

③

槽。这虽然是美容师莫大的光荣，却是美容院的严重风险。

为了避免这种风险，美容院必须与美容师共享顾客资讯，避免美容师跳槽之后顾客锐减。

也不只美容院必须如此。成功的交接，最少要让前后两任一同工作一段时间；站在相同立场观看工作情况，比较容易传授经验法则。要让共同工作的时间更有效率，就应该准备步骤表。

如果能够在接棒者可发现的范围内，于步骤表中写上工作方面的默契，就好上加好了。公司里一定有些不成文的法则，如客户公司负责窗口的兴趣、部门内专有的暗号等。

用1分钟指示！

■ 在企划进行过程中，不断思考"接下来要指示什么"。

■ 要提出问题解决方案的时候，做成报告提交会比较简洁。

■ 制作步骤表交给下属。交接的时候尤其重要。在对方能发现的范围内偷偷写上工作默契也很有帮助。

初次见面　发掘联系你我的"一条线"

⏱ 用"小道具"打开话匣子

很多人不喜欢聚餐。通常不知道该跟谁搭话，结果只跟原本认识的人交谈。如果自己独自参加，很可能站着吃到饱就结束了。

聚餐派对原本就是介绍自己的场合。派对的共同默契，就是互相介绍自己的朋友，当他们开始交谈就离开。如果没有这种中介角色，场面很难融洽。

这时候何不换个想法："至少要认识一个新朋友。"反过来说，这就是参加派对的"计划额度"。这时候的成败，取决于第1分钟。

重点在于怎么连接话题。

派对上的进攻目标，总是独自闲晃的人。如果三四个人围在一起聊得火热，贸然切入就很没礼貌，但是落单的人就没问题。先用"这场派对真累人啊""今天怎么会想来这里"之类的话题投石问路，至少可以找出当下共同的话题。

如果话题卡住，气氛只会变得尴尬。为了避免气氛尴尬的情形发生，可以先准备几样小道具。

最典型的小道具，就是名片。如果你工作的公司又大又知名，拿业界话题当开胃菜就很不错，但是公司太小的话，说明起来很花时间，对方也不一定有兴趣，不妨在名片背面写上简单的小档案。

比较起来，个人档案又比公司档案更有用：家乡、兴趣、执照，跟工作无关又能大概了解个人轮廓就好。只要档案中能发现与对方的共同点，就可以打开彼此的话匣子。

携带有特色的东西也是个好方法。之前我参加了一场餐会派对，有人拿了一部 iPhone 对我说"我最近很迷这个喔"，然后一边说一边用给我看，既有趣又能拉近距离。

另一件事情，跟派对无关了。我认识的一位女编辑，随身都会携带一支价值数万日圆的钢笔，只要看一眼，就知道那是高级货。

她当然不会主动拿出来献宝，但是采访的时候一定拿出这支笔，对方通常都会感兴趣。这时候就趁机闲聊，炒热场子，这是她想好的战术。

另外，从对方所携带的物品来观察对方个性，也是好用的一招。比方说领带、手表、眼镜、名片盒等，如果有点特色又像高级货，就可以拿来当话题。故意说"很合适"有点缺乏诚意，所以不必特别拍马屁。只要用"这手表真是少见""那条领带是○○牌的吗"之类的开头就够了。

如果对方是坚持品味才带这些东西在身上，那么，这方面的话题绝对不会引起对方反感，反而还会对你留下好印象，觉得你观察入微。

聊电视节目最保险

不管在什么状况下，跟商务人士说话的时候常用的手段，就是讨论对方的业界、营业项目等话题。尤其是男性，几乎没有人不喜欢讨论自己的职业。

为此，平时就要注意扩展自己的视野。比较有效的方法就是问对方"A公司的〇〇产品似乎卖得还不错？""前几天上报的那个问题，后来是怎么解决的？"之类的问题。

当然了，也不一定要随身准备即时的最新资讯。如果对方是男性，比较保险的话题就是运动新闻。报纸上的运动新闻、演艺圈八卦，就是一堆无伤大雅的闲话，这种普遍话题，应该跟谁都能聊。

关于电视节目的话题也一样好用。我想跟对方找出共同点时，往往就会问"最近你喜欢看哪个节目？"

只要知道这个人爱看哪种节目，就知道他的兴趣与关注方向，而且电视节目很少有专家狂热级的内容，很容易找到共同话题。

比方说，如果对方回答"我最近在看足球冠军联盟赛事"，就知道他喜欢足球，那么用足球话题炒热场子，自然就可以像朋友一般交谈。纪录性节目和综艺节目也一样。

所以在朋友之中，我算是比较常看电视的人。我看电视并非为了获得资讯，而是为了感受时代的趋势，以及拓宽话题范围。如果我什么节目都看，那么男女老幼都有话题可说。

要是单纯想搜集自己感兴趣的资讯，只要上网找就好。有很多人觉得 Youtube 比电视节目更有趣，但是，只上网络很可能造成资讯偏颇的问题。

从这点来看，电视的好处就是以不特定的大众为对象，所以电视节目内容没什么深度，却很有广度。成年人不太可能特地上 Youtube 收看《樱桃小丸子》，但是偶尔会在假日晚上打开电视随便看看，借此获得跟孩子们聊天的共同话题。

你不需要特地拨出时间看电视，只要在家时不经意打开电视就够了。开着电视读书读资料，并不会有太大影响；而且，越是不挑节目，越会获得更多的资讯。这些小动作，都可以增加话题的宽度。

如何延续难得的一面之缘？

　　双方初次见面的时候，最主要的重点就是在第 1 分钟内找出共同话题。这也可以说是在发掘连接双方的一条线。话题可以是运动、时事，也可以是电视节目、随身物品或宠物。

　　寻找这条线，除了维持场面之外还有更深的意义——加深彼此关系，制造下次见面的机会。

　　如果只有交换名片，客气寒暄一下就分道扬镳，彼此都不会留下印象。就算之后拿起名片，也想不起这个人到底是谁，只是浪费时间精力而已。

　　也就是说，只要找到共同话题，印象就会加深。如果之后还能用电子邮件联系，效果会更好。

　　足球也好，宠物也罢，下次见面时就能延续邮件的话题。即使关系渐渐疏远，只要循着之前找到的那条线，拿出共同话题，关系马上又会拉近。如果两人意气相投，还会主动寻找交流机会呢。

接下来，就要看彼此的人际关系了。你可以一直维持足球朋友、宠物朋友的印象，也可以用这些话题当出口，开始发展生意上的话题。

无论如何，能不能建立一个可发展的关系，取决于初次见面的第 1 分钟。牢记这点，有好无坏。

用1分钟搞好关系！

■ 从对方的名片、配件或服装来找出话题
起点。

■ "最近有什么好看的电视节目？" "您
最近看了什么不错的电视节目？" 跟电
视相关的话题比较保险。

■ 如果成功建立一定程度的关系，再加上
后续联系的电子邮件，就更能加深彼此
印象。

责骂 时间越长越无效

手写"警告备忘录"比口头责骂更有效

　　无论公事或私事，人总有必须责备别人的时候。被骂的人固然难过，骂人的人也不见得舒服，所以责骂才更需要运用 1 分钟来有效解决。

　　责骂的大前提就是，责骂的时候只针对事实。责骂内容不可以掺杂自己的见解，比方说上司骂下属说"我就是不爽""不合我的规矩"，那么下属根本没办法反省或应对。

　　所以重点就是把该骂的事情写在纸上，整理起来，这样既可以确认因果关系，又能让自己的情绪冷静下来。我把这张纸称为"警告备忘录"。

　　写了"警告备忘录"之后，可以拿给对方看，告诉对方到底是哪里不好；然后给对方发言的机会，说明为什么会发生这些事情，促使对方说明原因、进行反省。这就是前面所说的构图，借由书写来缩小问题范围，然后导出"既然如此就该这么改进"的结论。

最后，先用红笔把"警告备忘录"中最大的重点圈起来，再用蓝笔圈起避免重蹈覆辙的方法，如"以后要注意这部分""明天开始每天都要○○"。让被骂的人在纸上写下当天日期，并写上自己的名字（○○亲笔），然后自己收藏起来，告诉他"这样就可以了"。全程差不多只要 1 分钟，也不会闹得双方不愉快。

手写"警告备忘录"，就会是像书信般优良的沟通工具，如果用电脑打字列印，就比较没有分量，也没有温暖，不管纸上有什么，一定马上就忘。正因为亲笔书写，才能让 1 分钟的交流留下深刻印象。

看得更远一些，最好避免用电子邮件骂人。如果用电子邮件传送"警告备忘录"，以为没有见到当事人就不会尴尬，那就错了。只要随便想想就知道，上司送来一份毫无表情的责骂文件，下属收到一定会很不舒服；既没有声音，也没有笔迹，看着冰冷的文字下属就更容易胡思乱想，当然会产生多余的负面情绪。

骂小孩两小时不会有效果

有一次在骂自己儿子的时候，我才偶然发现，这样的责骂方式很不对。我已经忘了当初为什么骂他，但是一回过神来，已经骂了两个小时之久。后半完全是感情用事，甚至还对他说"为什么你会这么蠢"这样的难听话。

另一方面，当时我儿子年纪还小，没有体力和毅力承受我这个父亲长达两小时的责备。结果是，他很轻松地就把我大部分的高谈阔论都当成耳边风，以至于到后面他根本已经忘了自己为什么会挨骂。于是我才知道，流于情绪的责骂一点效果都没有。

于是我才想到了"警告备忘录"。虽然同样是要骂儿子，却改成拿备忘录给儿子看，告诉他："问题就在这里，把这点改过来。知道吗？"不过，单方面的强制书写会让孩子感到压迫，所

以重点就是一边听他的辩解和反省，一边思考解决方式。

把讨论结果也写在备忘录上，再让他出声念三次左右，责备就到此结束。最后把备忘录交给他，告诉他"把这张备忘录放在书桌的透明桌垫底下"。从头到尾，只要 1 分钟就搞定。

接下来，只要不时指着书桌上的备忘录，确认孩子有没有做到就好。以我的经验来说，这比长时间的责骂更有效。

"警告备忘录"当然不必仅限一张。每当发生问题就写一张，然后要他贴在房间的某个地方。确定他达成了备忘录上的解决方案后，再拿掉备忘录。

这种动作除了教育孩子之外，也应持续用在责备或指导别人的情况下。人对在自己眼前构成的东西会比较放心，只要学会这个方法，一定能大大改变你对责骂的观念。

如何对待年轻的"草莓族"

不过，现代人既不擅长骂人，也不擅长挨骂。

基本上，"责骂"的前提必须是双方心灵相通，而且要有"为对方着想"的情感。但是，这种基本的人际关系已经越来越淡薄，所以责骂行为当然也越来越少。

就连现代的父母，也大都抱持着"我不知道孩子们在想什么""我不想被孩子讨厌"而避免责骂小孩。在一个无责骂环境下生长的小孩，对责骂没有免疫力，进入社会当然会特别脆弱。进公司后一旦被上司责骂，工作无法得心应手，做事情碰到阻碍的话，马上就像草莓一撞就烂。

我会说"越撞越坚硬、越挫越勇猛的人才能成为上等人"，但是"草莓族"没有这种毅力。一旦被碰烂，就不想再勇往直前，开始讨厌责骂自己的人，或是逃避到别的地方去，自然无法建立深度的人际关系。

我在大学执教近二十年，深深感受时代的这种变化，所以用字遣词越来越温和，也尽量不严厉斥责学生。但是，我也刻意增加了另一套做法——下一章的"褒奖"，每天给自己3分钟的"赞美时间"。

用1分钟责骂！

① 单纯针对事实，把不好的地方写在纸上，做一张"警告备忘录"。

② 依据"警告备忘录"与对方交谈，引导对方说明原因、自我反省，并写在"警告备忘录"中，然后找出改善重点。

③ 用红笔圈起"警告备忘录"中最重要的重点，用蓝笔圈起避免重蹈覆辙的对策，再写上日期与两人的姓名，交给对方保管。

第 **6** 章

划算的
"1分钟赞美术"

赞美一个人，1分钟就够了！而这短短1分钟就可以给你带来良好的人际关系，因此，"1分钟赞美术"可以说是所有说话技巧中最划算的一种。

每个人都期待赞美，"扣分主义"不适合现代社会

日本是世界上少见的"扣分主义"国家。

这并不代表国家的历史性失败，扣分主义也非全面性的罪恶；而且，就算负面思考也有值得玩味之处。太宰治的《人间失格》中，那股绝望性的负面思考就让人爱不释手。陀思妥耶夫斯基等俄罗斯文学家笔下的角色，也都没有纯粹正面思考的人；每个人都自视甚高，却同时又有深深的自卑感，实际上一事无成。

这样的人性才有角色魅力，毕竟，社会绝对不是一个所有人都以正面思考为主的地方。

话虽如此，现今的日本人仍然像以前一样适用"扣分主义"吗？那倒未必。以往的日本人可以说是善恶分明，就连处于支配

阶级的武士, 只要犯了错一样必须切腹, 而且甚至有一种 "慷慨赴义" 的心态。从 "赐死" 这个名词就知道, 以前的人对死抱持一种荣誉感, 所以我可以说, 现在的日本跟以前的日本根本是两个不同的国家。

现代人如果像以前一样不断被扣分, 很快就会崩溃。以前我的教育方式, 就像为了做好腌菜而在伤口上撒盐, 但是, 这种方式对现在二三十岁的年轻人则行不通。越来越多小雄狮被推下万丈深渊之后, 就再也爬不起来, 越来越多人的想法是 "希望能给我更多鼓励""希望能更温和地教导我"。

也有些年轻人的负面思想太强, 轻易就满足于现状。原本这些年轻人可能有某种能力, 但是不去发挥也不想发挥, 这对本人与整个社会都是一种损失。对这种人, 必须将他们导向正面思考。

也就是说, 当今日本需要的, 已经不再是以往的 "扣分主义", 而是正好相反的 "赞美文化"。褒奖别人, 鼓励别人, 让别人产生信心, 全都只要一句话, 连 1 分钟都用不上就能发挥效果。

接着, 让我们想想具体的赞美方法吧。

每天找出 3 分钟 "赞美时间"

陀思妥耶夫斯基的《罪与罚》中，有个反派角色斯维加洛夫，曾经说过下面这段话：

> 有个方法对所有的女性都能造成决定性的影响，
> 无人例外。那就是所谓的赞美。

不只是所有女性，没有人被赞美会感到不愉快；就算是很明显的客套话，也比挨骂或被忽略来得好。人类就是如此渴望赞美。

社会上的成功者，或许已经对赞美感到麻痹。但是不成功的人占了社会的绝大多数，而越不容易被赞美的人，想被赞美的欲望就越强，所以只要对这种人投以些许的赞美，效果将其大无比。这就像高级的点心，量少却让人印象深刻，而且效果持久不变。

所以我有个建议：请下定决心每天称赞三个人，每人仅需要花 1 分钟即可。你不需要评断对方的实力，只要下定决心 "称赞这个人" 就好。

为了达到这个目的，多少带一些客套话也没关系，重点是抱持着 "自家人也要客套" 的精神，每天给自己 3 分钟的 "赞美时间"，如果能记录在记事本或日记上，更能让你在不知不觉中与许多人建立良好关系。如果你跟某人见过面之后，才想起应该称赞他某些东西，那就写在笔记本上，为下次机会做准备，这样自然就能养成赞美的习惯。

称赞对象最好是不习惯被称赞的人，也就是没什么地方值得称赞的人。重点就是找出这个人还没开花的嫩芽或种子，赞美他即将绽放的美丽花朵。

反过来说，称赞人确实需要观察力和直觉。对显而易见的成就、成绩给予客观评价并不算是赞美，虽然客观评价在工作上很重要，但这不过是一种回馈机制罢了。

把负面事物转成正面评价

那么，该怎么赞美一个乍看之下一无是处的人呢？

这里的关键就在于"改变看法"。这点跟前面提到的"责骂"相反，你必须将自己的见解发挥到最大极限。

在日常生活中，要去某家店买东西却碰上公休，要搭电车却没赶上，都是常有的事情。碰到这种时候，就可以改变看法，例如"这样我就多了点空闲"。我想我们身边的大小事，都可以用正向思考来解释吧。

同样，我们也可以改变对一个人的看法。通常一个人的缺点背后就是优点，大家都当坏事来看的部分，也可能做出正面解释。

甚至可以说，如果能把负面事物转为正面评价，被称赞的人一定会很开心，不会因自己的负面部分而痛苦。这样做，比称赞一个人的正面部分更让人印象深刻。

比方说有个人，说话总是随便又没大脑。一般人会说这种人"不负责任""轻佻"，但是你可以反过来称赞他"思想轻快""创意无限"，甚至可以建议他活用这份能力，思考新点子。

在教师的圈子里，有人有办法准时五点下班，有人每天都要加班到六七点。从效率来看当然是前者较好，而后者就会被评论为"工作没效率""打混摸鱼"。

但是，后者很可能是常常有学生找他商量事情，才会晚下班。这就代表他教课很亲切，很受学生信赖，不但不代表教师能力不足，反而是充分具备教师的资格才对。

基本上，"江山易改，本性难移"。不管怎么警告，个性上的缺点或弱点就是很难修正。最有希望修正的部分可以靠"责骂"改进，但是其他部分还是改变看法比较快。不管什么领域，强化优点都比克服缺点要更快上手。

称赞过程而非结果

更进一步来解释赞美的观点，关键在于评价过程而非结果。

假设你的孩子整理了房间，你称赞他"房间好干净喔"跟"你真会整理"，效果会有微妙的差异——因为前者只看到结果，后者却注重行为。哪一种对被称赞者有更正面的意义呢？当然是后者。"真会整理"听起来感觉更光荣，还会产生动力、想变得更会整理。这才是赞美的真正意义。

这种"擅长○○"的称赞法，还可以用在很多地方，例如"擅长写邮件"或"擅长讲电话"。对宴会主办人来说"擅长办活动"，就是最棒的赞美辞，这至少比被人当做多管闲事要好多了。

换个说法，你不一定要称赞绝对的分量，也可以称赞变化比例。例如，一直考九十分的人某天考到九十五分，当然值得称赞；但是一直考三十分的人某天考了六十分，就更值得夸奖了。

客观来看，"六十分"或许不是什么值得称赞的分数。但是本人一定会觉得"我真是努力"，如果别人能称赞他这一点，他一定会很开心，或许下次还会更加努力。

同样，总是在别人看不到的地方默默耕耘，或是做着没人想做的苦差事，这些人更需要赞美。给他们一个信息，让他们知道有人一直注意着他们，并感谢他们的付出。

大学里面，总有很多努力却不显眼的学生，而教师的工作，就是注意这些学生，并适时称赞他们。比方说我个人就极力称赞脚踏实地努力的学生，例如"能读完那本高难度的书，了不起"，或是"这份报告做得真好"。

每个学生都喜欢被老师称赞，不只是因为自己的努力受到评价，更因为知道老师在注意自己，而感到安心与亲近感。这不仅是师生关系，也是人际关系的重点。

假设你碰到一位女性时称赞她身上的配件，她通常都会很开心，甚至会跟你聊起品牌或流行知识。因为对女性来说，每个小配件都是一种用心与坚持，只要她觉得你在注意，当然会很开心。

指出女性装扮与之前不同的地方，也是一招。如果你说"今天的搭配风格跟上次不一样喔"，她一定会很高兴地认为，"原来你一直在注意我。"从这一点来看，记住对方的感觉也很重要。

"○○先生称赞过你喔！"

另一个称赞别人的强力招数，就是使用传闻。

比方说 A 先生要称赞 B 先生的时候，不直接说"你真擅长○○"，而说"C 先生说你'很擅长○○'喔"，用第三者的说辞就是了。当然了，这么做的前提是 C 先生真的有这么称赞过 B 先生，而在对 B 先生"报告"这件事情的同时，A 先生也等于称赞了 B 先生。这里的重点，就是对他人的善意、关心和记忆力。

从 B 先生的角度来看，等于同时被两个人称赞，而且听了别人"报告"第三者的资讯，可信度更高。可以确实感受到"我真的被称赞了"，对 A 先生的感谢之意，也会比直接被称赞的情况更强烈。

不过，社会上使用这招的人其实少之又少，反而有很多人喜

欢故意报告 "大家对你的评价不好"。听到这种报告的人不但不舒服，还会觉得报告的人不怀好意或精神有问题。不管事实如何，这种 "负面报告" 都应该尽量避免才是。

人会报答对自己投以关注和善意的人，会听一个承认自己存在的人说话，所以这种招术并不只是单纯为了讨好对方，也是为了创造沟通契机。这样想比较正确。

既然要以称赞为前提，那么称赞用词当然越具体越好，不要用 "真努力""了不起" 这种模糊名词，要用更有发展性的 "真有品味""有○○方面的潜能"。称赞没人注意的小地方，效果反而更大——只要小地方受到称赞，人就会快速增加自信。

很多人希望自己才华洋溢，但实际上却并非如此。这种理想与现实的落差特别难以忍受。所以只要有人说自己 "很有才华"，当然会高兴。

学习英文中的赞美辞

　　曾经有一天，我牵着狗在街上散步。突然迎面来了一位外国女性，一看到我的爱犬，脱口就说"Absolutely beautiful!"直译就是"绝对地美！"这真是最棒的赞美，身为饲主的我，当然也与有荣焉。

　　或许是文化差异吧，日本人无论要称赞人还是宠物，都不会这样毫不保留，顶多说声"不错""了不起"，也就是赞美辞太少。

　　从这点来说，英语圈人士，尤其是美国人的用字遣词，就相当有服务精神。英文的赞美辞非常丰富，而且会自然而然出现在日常对话中。

　　难道日本就不能引用这些句子，增加赞美辞吗？既然日式英文已经如此泛滥，难道不能轻松融入正统日文之中吗？如果能凑

齐某种程度的"赞美辞清单",应该十分方便。为了证实自己的假设,我甚至在大学里推动了下面这样的实验课程。

实验对象是将来要当英文老师的学生。我把他们分成四人一组,首先让其中一人用 1 分钟说个英文小故事,其他三人负责听。规则就只有这样,而且重点不在说故事的人,在于听故事的人。

学生都是日本人,所以通常只会安静聆听,但当时我要求学生一定要做出反应,要他们轻轻拍手,尽量说出自己想到的赞美句子,例如"Oh, it's great!""Cool!""Fantastic!""Unbelievable!""Good job!"等等。

四个人就这样轮番演说，当所有人都说过一次之后，就把刚才用过的赞美辞全部写在黑板上。每一句赞美辞，我都会请学生举手看看有谁用过，结果发现，每个字词的使用者都七零八落。当然每个人都知道这些字词，但是没有使用的经验，所以要用的时候就生疏许多。

既然如此，只有训练到大家会用为止。于是我改变规则，同样让一个人说、三个人听，但是听众不管说的人说了些什么，都只能用相同的句子来赞美。如果决定要用"Cool!"，那么大家就只能从头"Cool!"到尾。等到一轮结束之后，接着换"Fantastic!"，下一轮再换成"Unbelievable!"，就这样一直轮下去。此外，同样说某句，发音和抑扬顿挫也会有所不同，所以我要求学生尽量投入感情。

这样一来，就算再怎么不愿意，也会自然说出赞美辞。反过来说，这也看得出来，要用简单的一句话赞美别人确实有相当难度。

附带一提，我最常使用的赞美辞就是"Genius!"。比方说我常对学生讲："你还挺 Genius 的。"我并不是称赞对方很有天赋，而是只要看到对方刻苦、努力，或是有好的创意，我就立刻"Genius 大放送"。

如果我直接说"你真是个天才"，感觉有些沉重又太过露骨。正因为日本人不以英文为母语，用起英文带点开玩笑的意思才更方便。

最棒的鼓励语: You can do it!

前面已经说过,"称赞"的对象不该是结果,而是过程。称赞过程的意义,就是要让对方更上一层楼。

这样一来,在"称赞"的同时加上"鼓励"应该更好。这等于是"锦上添花",激励对方更上一层楼的欲望。"称赞"+"鼓励"二合一,赞美文化才算完整。而且通常一套花不到 1 分钟。

那么,到底该用什么句子来鼓励别人呢? 我觉得这里也该用点英文。让我介绍一些很难翻成适当日文,却有决定性影响的鼓励语吧!

我曾经看过一出纪录性电视节目,内容是一位负责教导美国启智学生的老师,与他的有趣故事。这位老师总是问学生"Can

you……？"。由于启智生的能力比一般孩子差，所以要一项一项确认。

但是光确认他们会什么，他们永远都不会成长。所以某天老师给了他们与正常孩子一样的课题，但是不问"Can you……?"，而是改说"You can do it!"。翻译过来的意思，就是从"你行吗？"换成"你行的！"，结果孩子们的学习成效因此快速增加，可见信任会让人成长。

"You can do it!"真是　句好话，能够鼓励别人、称赞别人，让人积极进取，一句话就有独特的世界观。而且这句话别说1分钟，顶多只要3秒就说完了，翻译过来的意思就是"你办得到""我相信你""就交给你了"等等。

一般日本人惯用的鼓励语是"加油"，但是，这句话在日文里会有"尽力就好"的认知，甚至还可能产生"我尽力就好""我做得不错"之类的天真误解。也就是说，鼓励反而成了阻力。

当今日本人所需要的，是刚好相反的"毅力"。面对逆境的时候，需要再撑一口气来跨越难关的力量，这种时候，最适合的一句话就是"You can do it!"。这句话背后有日文所无法表现的力道，而且也没几个人听不懂，加上不是国语，多了一层心灵上的缓冲，说出来一般不会不好意思。既然找不到效果相当的日文，我们就应该更加活用这句话，只要把它变成跟"Thank you!"一样常见的惯用句就好。

"You can do it!"与"加油"的差别

"You can do it!"还有其他优点。

在美国好莱坞的电影里，常常看到剧中人物对自己说"Yes, I can!"的镜头。这属于一种自我催眠，而要在人际沟通中加入催眠效果的话，就非"You can do it!"莫属了。

这句话，带有"迈向未来"的印象。本章开头提过，现代日本人有非常严重的负面倾向，所以"You can do it!"可以说是对日本人来说最重要的一句话。

不过，"You can do it!"本身并没有明确根据，如果对方回应"做都还没做，怎么知道我一定行？"那你就没戏唱了。然而，成功的条件就在于自认为"我可以"，或是别人对自己说"你可以"。

例如，第二次世界大战之前的日本政治家高桥是清先生，年轻时于美国留学的过程中，曾经遭到美国人欺骗而被卖做奴仆。当时支持他撑下去的，是从小祖母一直对他说的一句话，那就是"你真的很好命"。

不管遇到怎样的困境，大多数的成功者都会觉得自己"很幸运"。如果自己真的想不开，让别人说自己很幸运，也就是"You can do it!"也行。如果你身边有人缺乏自信，就应该对他说"You can do it!"。在赞美、鼓励方面，我实在找不到比"You can do it!"更好的言语。

另外一句常用的鼓励语就是"加油"。听到人家帮自己加油时，虽然不会感觉太差，但是总觉得没有正中红心的力道，或许还有人会认为"不用你说我也会加油""有空帮我加油，不如担心自己吧"，这就是"加油"和"You can do it!"的差别。

我举个例子，假设我是个马拉松选手，沿路都有观众摇旗打鼓，大喊"加油"，但当我与领先的跑者并排时，如果他对我说"You can do it!"，前者固然令人高兴，但是后者更能让我感受到"一起分享成功吧"的心意。至于哪一种对你来说最有激励作用，就如人饮水、冷暖自知了。

把 "You can do it!" 用来当结尾

"You can do it！"还有一个优点，那就是可以用来为一段沟通做结尾，而且不一定要接在称赞的句子之后，即使接在前面提过的"教导""指示""责骂"之后，也一样能够发挥承接语意的力道。尤其是公司上司、学校老师、家中父母等站在指导立场的人，更应该多多使用这句话。

比方说上一章"责骂"里介绍过的"警告备忘录"，如果在交给对方之前加上一句"You can do it!"，你觉得如何？就算要改善的问题点堆积如山，只要最后加上一句"You can do it!"，就能传达"你一定能马上改善"的正面信息。接受责备的人，也一定会因此有不同感受。

或是学生交出来的报告实在太糟，不得不退回去重做的时候，只要最后补上一句"You can do it!"，学生也会感到轻松许多。公司里的长官与下属，当然也一样。

甚至可以干脆做枚"You can do it!"的图章，再配上"Good job!"图章搭成一组，及格的报告盖后者，不及格的报告盖前者；要是有看到崭新的创意，还可以加盖"Fantastic!"。我觉得，这些印章比毫无感情的"批准""核可""退件"要有人性多了。

附带一提，我为自己所开的小学生补习班做了一枚"大胜"的印章。下课之前，我总会在孩子们当天学过的章节上盖这个印章，孩子们就会很高兴。我想日文的结尾总是缺乏力道，所以才容易越讲越长，因此结尾只要用"You can do it!"就搞定了。

我说过，又臭又长地责备他人其实毫无意义。但是"以后多注意""懂了吧"之类的结尾又稍嫌无力，而无力的结尾会让讲话越拖越长。如果改成"以后多注意，You can do it!"，造成结尾有力又有鼓励的效果，就能长留对方心中。

"You can do it!"有着神秘力量，能够改变容易抱持负面思想的日本人心。请尝试用在各种用途上。

开心地接受别人的赞美吧

或许是"扣分主义"根深蒂固的关系，日本人大多不擅长赞美人，也不习惯被赞美。偶尔被人称赞，还不知道该怎么反应。

日本人被称赞的反应，有时会像挨骂了一样，涨红着脸又低着头，或者当做耳边风，还会过分谦逊，直说"哪里哪里""没有的事""您太客气了"。结果称赞的人没有称赞的感觉，沟通也半途而废。

既然有人称赞，那就大方地说"谢谢""我很高兴"吧。被人称赞之后，相信自己一定做得到，再传递出"我要更加强化这个部分"的信息就好。这不但比找寻自己的缺点更有建设性，称赞你的人也会觉得"称赞得有价值"。

我曾经听一位女性朋友讲过一个故事。某天她坐在某个购物中心的长凳上休息，旁边刚好坐了一个五六岁的小女孩，膝盖上还放了一个可爱的包包。我那朋友直觉地称赞说："哎呀，你的包包真可爱。"结果那个小女孩不仅大方地回答"真是谢谢你"，还把自己的糖果送了一颗给我朋友。我的朋友非常感动，满心想着："这孩子真懂应对进退""称赞她真是值得"。

如果这种情况能成为理所当然的话，日本的未来将充满光明。互相称赞的文化能使对话内容丰富，温暖人心，产生面对困境的勇气。即使是人生中偶然的 1 分钟对话，也能发挥这种能力。

废话连篇是污染环境！

"废话真多……"

我想任何人都有过强忍无奈，听着毫无内容的长篇大论的经验。我自己，也经常因"又臭又长却不得要领"的说话方式而困扰。每当我看到被人要求说话要简洁有力却依然喋喋不休的人，甚至会觉得这是一种疾病。

而且，一半以上的日本人都罹患了这种疾病。发病的原因与对策其实很简单。原因就是大家缺乏"1分钟说重点"的训练，解决方法就是从小学一年级开始，通过所有学科不断进行训练来强化这项技能，因为这项训练就是值得我们如此大费周章。

当你读完这本书后，我希望有件事情一定要做。那就是买个秒表，每天使用。

习惯使用秒表，培养对"1分钟"的掌控力，想必就能体会"聪明究竟是怎么一回事"。

而你也会明白，**不浪费他人时间就是最好的礼貌。**

这本书包含着技能。所以要学会技能，好好读完本书才有意义；如果只读了这段后记就去买秒表随身携带，也比读完整本书却不买秒表要好。如此极端的论点，证明我是多么坚持 1 分钟讲重点的技能。

我希望大家都能减少压力，提高工作效率，乃至获得轻松悠闲的人生。

环保问题并不仅限于二氧化碳，我认为，废话太多也是人类社会生活的环保问题。

本书能够完成出版，要感谢岛田荣昭先生、PHP 研究所的西村健先生，还有创作插图的尻上寿先生等人的大力相助，万分感谢！

斋藤孝

图书在版编目（CIP）数据

开口就能说重点 / （日）斋藤孝著；（日）尻上寿绘；林欣仪译 .
– 北京：北京联合出版公司 , 2015.4（2024.1 重印）
　　ISBN 978-7-5502-5095-6

Ⅰ . ①开… Ⅱ . ①斋… ②尻… ③林… Ⅲ . ①语言艺术 – 通俗读物
Ⅳ . ①H019-49

中国版本图书馆 CIP 数据核字 (2015) 第 076080 号

北京版权局著作权合同登记 图字：01-2015-1959 号

IPPUN DE TAISETSUNAKOTO WO TSUTAERU GIJUTSU
Text Copyright © 2009 by Takashi SAITO
Illustrations Copyright © 2009 by Kotobuki SHIRIAGARI
First published in 2009 in Japan by PHP Institute, Inc.
Simplified Chinese translation rights arranged with PHP Institute, Inc.
through Japan Foreign-Rights Centre/Bardon-Chinese Media Agency

开口就能说重点

著　　者　[日]斋藤孝
绘　　者　[日]尻上寿
译　　者　林欣仪
责任编辑　侯娅南
项目策划　紫图图书 ZITO®
监　　制　黄利　万夏
特约编辑　曹莉丽
营销支持　曹莉丽
装帧设计　紫图装帧

北京联合出版公司出版
（北京市西城区德外大街 83 号楼 9 层　100088 ）
艺堂印刷（天津）有限公司印刷　新华书店经销
字数 95 千字　889 毫米 ×1194 毫米　1/32　6.5 印张
2015 年 4 月第 1 版　2024 年 1 月第 13 次印刷
ISBN 978-7-5502-5095-6
定价：49.90 元